LE *CAHIER* D'AIMÉ CÉSAIRE :
ÉVÉNEMENT LITTÉRAIRE ET FACTEUR DE RÉVOLUTION

Dans la collection «Critiques Littéraires»

Dernières parutions :

STEWART D., *Le roman africain anglophone depuis 1965, d'Achebe à Soyinka.*

NGANDU NKASHAMA P., *Ecritures et discours littéraires,* Etudes sur le roman africain.

SEVRY J., *Afrique du Sud, ségrégation et littérature.* Anthologie critique.

BELVAUDE C., *Amos Tutuola et l'univers du conte africain.*

BELVAUDE C., *Ouverture sur la littérature en Mauritanie.* Tradition orale, écriture, témoignage.

KALONJI M.T.Z., *Une écriture de la passion chez Pius Ngandu Nkashama.*

NGANDU NKASHAMA P., *Littératures et écritures en langues africaines.*

BOUYGUES C., *Texte africain et voies / voix critiques* (Littératures africaines et antillaise)

NAUMANN M., *Regards sur l'autre à travers les romans des cinq continents.*

JOUANNY R. (sous la direction de), *Lecture de l'oeuvre d'Hampaté Bâ.*

NNE ONYEOZIRI G., *La parole poétique d'Aimé Césaire. Essai de sémantique littéraire.*

HOUYOUX S., *Quand Césaire écrit, Lumumba parle.*

LARONDE M., *Autour du roman beur.*

NGANDU NKASHAMA P., *Théâtres et scènes de spectacle.* (Etudes sur les dramaturgies et les arts gestuels.)

HUANNOU A., *La critique et l'enseignement de la littérature africaine aux Etats-Unis d'Amérique.*

VICTOR M. HOUNTONDJI

LE *CAHIER* D'AIMÉ CÉSAIRE :

ÉVÉNEMENT LITTÉRAIRE ET FACTEUR DE RÉVOLUTION

Essai

Editions L'Harmattan
5-7 rue de l'Ecole-Polytechnique
75005 Paris

DU MÊME AUTEUR :

Couleur de rêves (poèmes et prose), La Pensée Universelle, Paris, 1977, 160 pages (épuisé).

Paroles de poète (textes, articles, interviews), 48 pages, sous presse.

© L'Harmattan, 1993
ISBN : 2-7384-1965-8
ISSN : 1242-5974

A la mémoire de mon père et de ma mère
A la mémoire du professeur Bernard N. FONLON
Dip. Ed. (Oxon), M.A., Ph.D. (N.U.I.),
et à M. NJOH-MOUELLE,
à M. Roger FAYOLLE et Mme Michèle DUCHET,
à mes frères et soeurs,
à mon fils Victor Vílnis Víyón,
né le 28 février 1981.
A tous les miens,
pour la joie du dire.

AVERTISSEMENT

Plusieurs parties de la présente étude ont fait l'objet d'une publication dans diverses revues paraissant en Europe. Il s'agit :

- de la présente «Introduction», parue au Luxembourg, sous le titre : «*Le Cahier d'un retour au pays natal*, d'Aimé Césaire : question de perspective», dans la revue *Nouvelle Europe*, n° 38/39, 1982,

- du 4ᵉ chapitre, paru la même année, dans le numéro 37 de la même revue, sous le titre : «Le processus d'une révolution intérieure dans le *Cahier d'un retour au pays natal*, d'Aimé Césaire»,

- du 5ᵉ chapitre, paru à Arquian, France, sous le titre : «La portée collective de la révolution césairienne dans le *Cahier d'un retour au pays natal*», dans la revue : *Présence des Lettres et des Arts*, n° 107, de novembre 1981,

- du 7ᵉ chapitre, paru à Paris, France, sous le titre : «Les limites de la révolution césairienne dans le *Cahier d'un retour au pays natal*», dans la revue : *Peuples noirs, peuples africains*, n° 21, de mai-juin 1981.

- Enfin, le 2ᵉ chapitre de cet ouvrage a paru à Paris, sous le titre : «*Le Cahier d'un retour au pays natal*, d'Aimé Césaire : un poème de l'exil», dans le magazine : *Racines et couleurs*, n° 2, d'août 1990.

Il faudrait également signaler la liberté de quelques citations du dictionnaire, que nous avons prise, dans un souci pédagogique, presque scolaire, destiné à rendre plus accessible au lecteur le *Cahier d'un retour au pays natal*, d'Aimé Césaire, objet de notre étude.

Signalons également, ici, l'édition, en 1976, des *Oeuvres complètes* de Césaire (poésie, théâtre, essais), aux éditions Désormeaux, Fort-de-France, la publication, aux éditions Silex, de *Césaire 70* (308 pages), par Ngal et Steins, celle d'*Aimé Césaire ou l'Athanor d'un alchimiste* (Actes du colloque international, novembre 1985, 390 pages), par les Editions Caribéennes, Paris, et, aux mêmes Editions, l'étude comparative de J.C. Bajeux : *Antilla retrouvée. Etude sur la poésie noire antillaise : Mackay - Matos - Césaire*, 427 pages.

Pour information, nous mentionnerons aussi, pêle-mêle, les travaux suivants :

- *Proposition poétique. Une lecture de l'oeuvre d'Aimé Césaire*, par Bernadette Cailler, Naaman, Sherbrooke, 1976, 244 pages - Bibliographie pp. 232-238,

- *Le théâtre d'Aimé Césaire ou la primauté de l'universalité humaine*, par Clément Mbom, Nathan, Paris, 1979. Préface de Guy Michaud, 176 pages,

- *Soleil éclaté*. Mélanges offerts à Aimé Césaire à l'occasion de son soixante-dixième anniversaire, par une équipe internationale d'artistes et de chercheurs, édités par Jacqueline Leiner, publiés par Gunter Narr Verlag, Tübingen, 1984, 439 pages,

- *Aimé Césaire, Black between worlds*, par Susan Frutkin, Monographs in International Affairs, Center for Advanced International Studies, University of Miami, 1973, 66 pages,

- *L'humanisme dans le théâtre d'Aimé Césaire*, par Rodney E. Harris, préface de Thomas Cassirer, Naaman, Sherbrooke, 1973, 173 pages,

- *Le temps historique dans l'oeuvre théâtrale d'Aimé Césaire*, par Albert Owusu-Sarpong, Naaman, Sherbrooke, 1986, 270 pages,

- *Espaces et dialectique du héros césairien*, par Rémy

Sylvestre Bouelet, L'Harmattan, Paris, 1987, 217 pages,

- *La cohésion poétique de l'oeuvre césairienne*, par Keith Louis Walker, Gunter Narr, Tübingen, et Jean-Michel Place, Paris, 1979, 137 pages. Bibliographie pp. 123-137.

Enfin, Césaire lui-même a fait paraître, en 1982, aux Editions du Seuil, à Paris, son dernier recueil de poèmes à ce jour : *Moi, laminaire*, 94 pages, lequel a suscité récemment, en écho, l'hommage poétique du poète Mauricien, Edouard Maunick, sous le titre : *Toi laminaire. Italiques pour Césaire*, poèmes, Editions de l'Océan Indien, et Centre de Recherche India-océanique, Paris, 1990, 55 pages.

Victor M. HOUNTONDJI

INTRODUCTION

Très peu d'ouvrages (1) ont paru, à ce jour, à notre connaissance, qui aient eu, pour objet, l'étude exclusive du *Cahier d'un retour au pays natal* (2), d'Aimé Césaire, et dans la bibliographie de M. a M. Ngal (3), nous avons noté la présence d'un seul article sur le *Cahier* (4), tandis que Lilyan Kesteloot (5) mentionne deux mémoires inédits (6) ; pourtant ce premier poème (et le plus long) de Césaire, qui devait apparaître à Breton comme «le plus grand monument lyrique de ce temps» (7) et remplir Sartre d'admiration (8), fut un événement et demeure «aujourd'hui», selon le mot de Lilyan Kesteloot (9), «un des plus indiscutables classiques de la littérature africaine» ; c'est pourquoi il est pratiquement impossible de parler de Césaire poète (10) sans mentionner le *Cahier*.

Cependant, en dehors de Lilyan Kesteloot qui, dans ses analyses du *Cahier* (11), s'est efforcée de demeurer près du texte de Césaire, la plupart des commentateurs ne veulent voir d'abord, dans l'auteur du *Cahier*, que le poète de la négritude, tels M. et S. Battestini qui ont écrit, par exemple :

«Mais on ne saurait aborder Césaire sans
parler d'abord négritude» (12),

et M. a M. Ngal qui, par ailleurs, a rédigé une étude remarquable sur Césaire (3), mais n'a pas pu s'empêcher de succomber à la tentation d'introduire son livre par les mots suivants :

«Ecrire aujourd'hui sur la négritude ne
tient-il pas de la gageure ?».

Or Césaire, contrairement à Senghor, n'a consacré presque aucun écrit en prose à l'examen du concept de la négritude, et dans le *Cahier d'un retour au pays natal* où le mot apparaît non seulement pour la première fois (13), mais aussi de la façon la plus insistante, ses définitions auxquelles se réfèrent d'ordinaire les commentateurs n'occupent que 6 pages (14) sur 65 !

C'est dire que les critiques qui font du *Cahier* le poème de la négritude n'ont, de ce dernier, qu'une vue partielle et partiale. En tout état de cause, le *Cahier* apparaît plutôt, dans son ensemble, comme l'itinéraire d'une libération (politique et culturelle, c'est-à-dire d'une révolution) du nègre, itinéraire intellectuel, puisque celle-ci se déroule presqu'entièrement (à l'exception du passage relatif à Toussaint Louverture et qui est le récit d'un soulèvement réel, historique...) dans le coeur de son auteur !

C'est donc sous l'angle de la révolution que nous avons cru devoir étudier le *Cahier d'un retour au pays natal*, en nous efforçant d'y mettre en lumière les éléments susceptibles de provoquer, par leur contenu bouleversant, «subversif», une révolution des peuples noirs et, puisque nous sommes dans le domaine de «l'écriture» (qui, à en croire Barthes (15), «est le langage littéraire transformé par sa destination sociale»), ceux qui font, du *Cahier*, une révolution littéraire.

Nous nous sommes efforcé, dans les 7 chapitres de notre travail, de scruter le poème, progressivement, depuis la première ligne jusqu'à la dernière, et de reprendre le même cheminement chaque fois que nous devions aborder un nouveau thème contenu dans l'oeuvre, ou tout simplement, un nouvel aspect de celle-ci. Ceci, pensons-nous, aura pu nous éviter de tomber dans le piège dénoncé par Towa (16) et qui aurait consisté à nous «substituer à loisir au créateur», en faisant «exploser toute l'oeuvre», puis en «(regroupant) les débris épars (de celle-ci) selon des thèmes et dans un ordre de notre cru».

Nous n'avons pas cru devoir nous étendre sur la biographie de l'auteur, compte tenu de la masse des travaux cités en bibliographie, qui font état de celle-ci. Nous avons noté, cependant, pour la bonne compréhension du *Cahier*, qu'Aimé Césaire, selon le témoignage de Georges Césaire, son frère(17), a pris «ses premières vacances à la Martinique, depuis son arrivée en Europe», pendant l'été 1936, ce qui nous permet, à la lumière du «Et voici que je suis venu» (18), de formuler l'hypothèse (19) que le *Cahier*, paru, à Paris, dans la revue *Volonté*, n° 20 du mois d'Août 1939, a pu être mis en chantier aussi bien avant que pendant l'été 1936.

CHAPITRE 1

L'OEUVRE*

Ce poème en prose commence comme un réveil. Ou comme un soleil qui se lève et qui projette brutalement sur la face des choses qu'il dé-couvre dans toute leur nudité, dans toute leur laideur putréfiante, l'éclat incendiaire de ses rayons lumineux. Césaire le Soleil. Mais le dormeur réveillé se souvient de la nuit, et se retourne vers les rêves - hélas trop brefs - qui viennent de le «bercer», et tente désespérément de s'y réfugier, pour se soustraire au spectacle répugnant de la réalité raisonnante.

Cette douce nuit, est-ce celle du paradis qui tient à la fois de l'espace (l'Afrique, Continent rêvé) et du temps - l'Afrique d'avant l'invasion coloniale : «de l'autre côté du désastre» (1) - et que le poète protège jalousement en lui, contre la souillure de la culture blanche
- *la force putréfiante des ambiances crépusculaires, arpentée nuit et jour d'un sacré soleil vénérien* (1) - ?

Afrique culturelle et mystique.

Et cette réalité personnifiée - lui et les siens (1) -, est-ce un «flic» Blanc ? ou le Blanc tout court ?

Mais ce petit matin hybride qui sépare la nuit du jour, n'est-ce pas aussi le voyage qui doit ramener le poète des rives de l'**effrayante** nuit Blanche à son pays natal, puisqu'au bout de ce petit matin il y a aussi les Antilles avec tout leur cortège de misères, elles-mêmes

une vieille misère pourrissant, sous le soleil, silencieusement (2)

et qu'une violente REVOLUTION - «les volcans», «l'eau nue» (2) - purifiera pour redonner naissance à un pays de «songes» ? Antilles misérables et miséreuses. Antilles de cauchemar. Mais au bout du cauchemar, le «réveil» (2).

D'entrée de jeu, dès les deux premières des soixante-cinq pages que compte le poème, Césaire, grâce à la magie suggestive de son verbe poétique, nous installe au coeur même de sa préoccupation dominante : il ne nous dévoile la misère de ses Antilles sur - exploitées que pour en présenter aussitôt le remède dialectique : la révolution qu'il attend, attend et espère.

«Dans les montagnes, le plus court chemin va d'un sommet à l'autre ; mais pour suivre ce chemin, il te faut de longues jambes. Les maximes doivent être des sommets, et ceux à qui l'on parle des hommes grands et bien venus», écrivait Nietzsche (3). Fulgurations poétiques de Césaire, sommets.

*
**

Mais surgit, à l'image même des Antilles, une ville inerte, Basse-Pointe ou Fort-de-France ?, et une foule trop inconsciente pour s'unir et crier sa «révolte», «sa haine» contre ses exploiteurs et ses tortionnaires, une «foule étrangement bavarde et muette» (4), une foule vautrée dans la résignation et qui semble même communiquer sa résignation à la nature :

le morne oublié, oublieux de sauter (5)

sa compagne d'infortune - «morne famélique», «morne bâtard» (5) -, une foule tombée dans la dégénérescence morale, minée par

> *les puanteurs exacerbées de la corruption, les prostitutions, les hypocrisies, les lubricités, les trahisons, les mensonges, les faux, les concussions, les avidités, les hystéries, les perversions...* (6).

Ici, le poète se laisse envahir par la nostalgie. Nostalgie d'une enfance heureuse, ou, en tout cas, insoucieuse de sa misère, où il faisait corps encore avec les siens, n'avait pas encore appris, à l'école et au pays des Blancs, à «prendre ses distances des êtres et des choses» (7) de chez lui. Conscience cruelle du DERACINEMENT actuel :

> *Et cette joie ancienne m'apportant la connaissance de ma présente misère* (8).

Cet attendrissement sur son enfance est, cependant, brusquement interrompu par un autre souvenir, le souvenir brûlant du débarquement des Blancs en Afrique, de ce petit matin où ils réduisirent en esclaves le poète et ses frères noirs, et en firent des «hommes-famine», des «hommes-insulte», des «hommes-torture»,

> *qu'on pouvait à n'importe quel moment saisir, rouer de coups, tuer, sans avoir de compte à rendre à personne* (9).

Et le poète révolté profère à l'encontre des Malfaiteurs

des menaces d'une terrible vengeance :

> *Qui ne me comprendrait pas ne comprendrait pas davantage le rugissement du tigre* (10),

avant d'adresser à la Terre-Mère, la Martinique, («mille fois plus natale…») la plus émouvante des prières :

> *il me suffirait d'une gorgée de ton lait* (11)

qui se perd aussitôt dans un rêve de liberté et de fraternité

> *la terre où tout est libre et fraternel, ma terre.*

Et voici une réminiscence biblique : la parabole transfigurée de l'enfant prodigue retournant à la maison paternelle :

> *J'arriverais lisse et jeune dans ce pays mien et je dirais à ce pays dont le limon entre dans la composition de ma chair : «j'ai longtemps erré et je reviens vers la hideur désertée de vos plaies,*

et encore :

> *Et si je ne sais que parler, c'est pour vous que je parlerai.*

Mais aussi :

> *Ma bouche sera la bouche des malheurs qui n'ont point de bouche, ma voix la liberté de celles qui s'affaissent au cachot du désespoir* (11).

Témoigner. Témoigner pour son peuple. Porte-parole. Césaire le prophète. Mais ce n'est pas tout.

> *Et venant je me dirais à moi-même : «Et surtout mon*

corps aussi bien que mon âme, gardez-vous de vous croiser les bras en l'attitude stérile du spectateur, car la vie n'est pas un spectacle, car une mer de douleurs n'est pas un proscenium, car un homme qui crie n'est pas un ours qui danse... (12)

Volonté de réaction devant le spectacle des souffrances humaines. Volonté d'action positive. Césaire le révolutionnaire.

*
**

Cependant, le retour apporte au poète, devant le spectacle de l'avachissement de son peuple, la lassitude, le convainquant de la vanité de ses résolutions antérieures :

moi seul, brusque scène de ce petit matin où fait le beau l'apocalypse des monstres, puis, chavirée, se tait (12),

mais aussi la conscience compensatrice de ne pas appartenir seulement à son «pays natal» mais aussi à toute l'humanité noire, avec tout ce qu'elle possède de misères :

ces quelques milliers de mortiférés qui tournent en rond... (13) *la comique petite queue de la Floride où d'un nègre s'achève la strangulation... Virginie. Tennessee. Géorgie. Alabama.*
Putréfactions monstrueuses de révoltes inopérantes, marais de sang putrides, trompettes absurdement bouchées... (14)

et de gloire :

Haïti où la négritude se mit debout pour la première fois et dit qu'elle croyait à son humanité... (14)

Toussaint Louverture, un homme qui fascine l'épervier
blanc de la mort blanche... (15).

Et puisque le poète désespère d'obtenir que justice soit
rendue à lui et les siens, au moins s'offrira-t-il la satisfaction
de troubler la conscience du Blanc, de le défier, de le
provoquer, pour ainsi dire, gratuitement, pour le simple
plaisir de s'attirer sa haine (plus réconfortante que le dédain)
et de raviver la sienne propre de révolté, en renversant
systématiquement les tables de toutes les valeurs prisées par
le Blanc, notamment celles de la morale chrétienne et du
«prétendu bon sens dont l'impudence», selon le mot de
Breton, «a été jusqu'à s'arroger le titre de raison» (16) :

> *Parce que nous vous haïssons vous et votre raison,*
> *nous nous réclamons de la démence précoce de la folie*
> *flamboyante du cannibalisme tenace* (17) ;

et encore :

> *douaniers anges qui montez aux portes de l'écume la*
> *garde des prohibitions.*
> *Je déclare mes crimes et qu'il n'y a rien*
> *à dire pour ma défense.*
> *Danses. Idoles. Relaps. Moi aussi*
> *J'ai assassiné Dieu de ma paresse de*
> *mes chansons obscènes.*
> *J'ai porté des plumes de perroquet des*
> *dépouilles de chat musqué.*
> *J'ai lassé la patience des missionnaires*
> *insulté les bienfaiteurs de l'humanité...*
> *Adoré le Zambèze.*
> *L'étendue de ma perversité me confond... !*
> *Mais pourquoi brousse impénétrable*

encore cacher le vif zéro de ma
mendicité et par un souci de noblesse
apprise ne pas entonner l'horrible bond de
ma laideur pahouine... ? (18)

Et aussi :

On voit encore des madras aux reins
des femmes des anneaux à leurs oreilles
des sourires à leurs bouches des enfants
à leurs mamelles et j'en passe :
ASSEZ DE SCANDALE ! (19).

*
**

Puis s'ensuit un procès de l'Europe assassine :

Ma mémoire est entourée de sang. Ma mémoire a sa
ceinture de cadavres ! (20),

de l'Europe sournoise qui noie délibérément dans l'alcool
(le rhum) la conscience du nègre révolté d'avoir été battu,
de l'Europe méprisante jusque dans son «amour» :

Ou bien tout simplement comme on nous aime !
Obscènes gaiement, très doudous de jazz
sur leur excès d'ennui (21).

Mais le cri de révolte du poète s'achève une fois de plus
dans un murmure de découragement, car son peuple, loin de
le reprendre, entonne plutôt le chant contraire, le

hosonnah pour le maître et pour le châtre - nè-
gre ! (22),

21

le chant de l'aplatissement béat devant le colonialisme et l'impérialisme européens, à l'instar de la foule à laquelle Zarathoustra enseignait l'amour du «Surhomme» et le mépris du «dernier homme» et qui lui répondit avec force cris de joie et claquements de langue :

Donne-nous ce dernier homme, ô Zarathoustra, fais-nous semblables à ces derniers hommes ! Nous te tiendrons quitte du Surhomme ! (23).

Cet aveu de l'échec de Césaire à «inculquer à son peuple la force révolutionnaire qui lui est nécessaire afin d'annuler le négrier une fois pour toutes», préfigure, dans ce premier écrit, «la tragédie du roi Christophe» (24) qui, comme lui, échouera à communiquer à son peuple la conscience de l'immense labeur de reconstruction qui lui incombe, afin de se libérer à jamais de la tutelle étrangère et de rattraper le grand retard politico-socio-économique occasionné par la colonisation.

Mais ici, avec l'épisode du nègre du tramway, la révolte «s'intériorise», pour reprendre un terme de Jingiri J. Achiriga (25), «revêt un aspect salutaire d'auto-critique», car, à sa honte, le poète découvre, au plus profond de lui-même, et se l'avoue, et l'avoue pour tenter d'obtenir, par une auto-humiliation sado-masochiste :

Je réclame pour ma face la louange éclatante du crachat...,

l'absolution du péché capital parce qu'obstacle à l'avènement de toute révolution salvatrice - découvre en lui toute la lâcheté qu'il reprochait à son peuple, le même conformisme apeuré

cette ville est à ma taille.
Et mon âme est couchée. Comme cette ville
dans la crasse et dans la boue couchée.
Cette ville, ma face de boue (26)

qu'il attribue, dans un accès de fatalisme impuissant, à son hérédité, à l'héritage que lui ont légué, comme une malédiction, ses ancêtres, sous-développés, au quintuple point de vue intellectuel

ceux qui n'ont inventé ni la poudre, ni la boussole
ceux qui n'ont jamais su dompter la vapeur ni
l'électricité
ceux qui n'ont exploré ni les mers ni le ciel

culturel

ceux qui n'ont connu de voyages que de déracine-
ments... Ceux qu'on innocula d'abâtardissement,

moral

ceux qui se sont assouplis aux agenouillements
ceux qu'on domestiqua,

spirituel

ceux qu'on christianisa

et matériel

tams-tams de mains vides (27).

Au passage (pp. 101-111), il dévoile, par son exemple, le caractère indispensable et salutaire de toute étude introspective lucide, jumelle de l'auto-critique devenue une institution (bien que d'une sincérité toute relative) dans toutes les sociétés contemporaines qui se réclament de la révolution socialiste. Ensuite, il dénonce implicitement «ses semblables, ses frères», hypocrites démagogues, vils charlatans de ce que j'appelle le verbiage révolutionnaire, et qui, à la pratique, se montrent plutôt les plus abjects des réactionnaires en ce qu'ils sont, théoriquement, conscients de l'abjection de leur «réaction». Enfin, il préconise une humilité de tous les instants chez le révolutionnaire, afin qu'il puisse s'appliquer à se regarder, à se voir tel qu'il est vraiment, et, au besoin, à se juger, afin d'entretenir en soi, en permanence, une qualité maîtresse, base de toute action révolutionnaire authentique : l'honnêteté.

Cependant, à l'abattement succède l'espérance, au désespoir, l'enthousiasme révolutionnaire

> *Vienne le colibri*
> *Vienne l'épervier...* (28)

que sous-tend un amour discret, l'amour d'une femme enceinte sans doute - Suzanne, la femme du poète ? -, et de l'enfant qu'elle porte à qui le poète dit «tu», pour la première fois - «ma lune et ton soleil», «il y a tes yeux», «ta lumière» (28), une femme qu'il revêt de tous les attributs pédagogiques de sa «parole» poétique :

> *calme et berce ô ma parole*
> *l'enfant qui ne sait pas que la carte du printemps est*

> *toujours à refaire* (29),

et dont il espère un fils vigoureux :

> *et toi veuille astre (prière au «dieu» soleil ?) de*
> *ton lumineux fondement tirer lémurien du sperme in-*
> *sondable de l'homme la forme non osée que le ventre*
> *tremblant de la femme porte tel un minerai !*

C'est sans doute l'«orgueil» et la joie de cette future paternité qui se projettent sur le jugement de Césaire sur ses ancêtres et ses frères noirs, car ceux-ci ne sont bientôt plus des

> *tams-tams de mains vides,*

des

> *tams-tams inanes de plaies sonores*

mais sont devenus, par une métamorphose quasi miraculeuse que seule sait opérer la parole poétique, par un renversement systématique de l'échelle des «valeurs» selon lesquelles on les condamnait,

> *ceux sans qui la terre ne serait pas la*
> *terre gibbosité d'autant plus bienfaisante*
> *que la terre déserte*
> *davantage la terre*
> *silo où se préserve et mûrit ce que la terre*
> *a de plus terre* (30),

c'est-à-dire, en un mot, des êtres «naturels» et non plus «sauvages» comme le prétendaient les colonisateurs, le premier qualificatif étant débarrassé de tout le sens péjoratif dont on l'affublait, des êtres

> *insoucieux de dompter, mais*
> *jouant le jeu du monde…*
> *chair de la chair du monde palpitant du*
> *mouvement même du monde !* (31)

Ici, ni Jean-Paul Sartre, ni Lilyan Kesteloot, ni Marcien Towa (32), commentant l'attitude de Césaire face à cette non technicité des nègres, n'ont raison, ou plutôt, ils ont tour à tour raison et tort, car, s'il est vrai qu'il s'agit, dans la première litanie de «ceux qui n'ont inventé ni la poudre ni la boussole» - ce qui justifie partiellement l'opinion de Kesteloot et de Towa -, de «la reconnaissance objective, humble, attristée, d'une infériorité réelle, comptée avec tout le reste au passif de sa race, et, comme telle, assumée par Césaire» (33), dans la seconde, il s'agit bien, comme l'a dit Jean-Paul Sartre, d'«une revendication de la non-technicité» (34), même si celle-ci n'a rien de hautain, la générosité, la magnanimité qu'a conférées à Césaire la joie d'être père, ne laissant, dans son coeur, nulle place à la hauteur ! Tout au plus éprouve-t-il de la

> *pitié pour nos vainqueurs omniscients et naïfs !* (35)

De plus, dès l'instant où les «chaleurs» et les «peurs ancestrales» (36) deviennent des «vertus ancestrales» (37), il est clair que s'est réalisé le «rêve ancien» du poète (38) et que «ce peuple» lâche a acquis une «vaillance rebondissante» (puisque «tout - son - sang-est-ému par le coeur *mâle* du soleil» !) ainsi que toutes les qualités imaginables, même antagonistes : il sait «réconcilier» l'action virile («l'exalta-

26

tion… de l'antilope» - chasse ? élevage ? -, «ceux dont la survie chemine en la germination de l'herbe» ! - agriculture ? -), et la rêverie sentimentale :

ceux qui savent la féminité de la lune au corps
d'huile - l'exaltation… de l'étoile.

En même temps, «le monde blanc» se voit indexé, sa civilisation de l'acier et du béton foulée aux pieds, au profit de ce «royaume de l'enfance», cher à Senghor.

Dès lors, le poète peut se permettre de retrouver la même foi :

cette ville que je prophétise belle,

le même enthousiasme révolutionnaire qui caractérisaient ses «rêves» avant qu'il ne quitte le pays des blancs pour retourner à la Martinique, le désir plus furieux que jamais de se perdre dans son peuple (sa race), de se confondre, de se souder à lui, pour mieux l'entraîner avec lui dans sa course révolutionnaire (éminemment onirique) vers des lendemains meilleurs :

et voici au bout de ce petit matin ma prière
virile… donnez-moi la foi sauvage du sorcier…
Faites de ma tête une tête de proue
et de moi-même, mon coeur…
le père… le frère… le fils… l'amant
de cet unique peuple
Faites-moi rebelle à toute vanité, mais
docile à son génie
comme le poing à l'allongée du bras !
Faites-moi commissaire de son sang
faites-moi dépositaire de son ressentiment

faites de moi un homme de terminaison
faites de moi un homme d'initiation
faites de moi un homme de recueillement
mais faites aussi de moi un homme d'ensemencement
faites de moi l'exécuteur de ces oeuvres hautes
voici le temps de se ceindre les reins
comme un vaillant homme (39).

Mieux - miracle de l'amour ? -, la flamme de la colère vacille dans la bouche de l'homme ; il renie la haine qu'il professait pourtant

parce que nous vous haïssons vous et votre
raison (17)

pour le monde blanc :

préservez-moi de toute haine
ne faites point de moi cet homme de haine
pour qui je n'ai que haine (40).

Et il s'excuse presque de prendre parti pour sa «race» contre la race haineuse:

car pour me cantonner en cette unique
race vous savez pourtant mon amour tyrannique
vous savez que ce n'est point par haine
des autres races que je m'exige bêcheur
de cette unique race (41)

au nom d'un idéal *culturel* d'universalité :

ce que je veux
c'est pour la faim universelle

pour la soif universelle
la sommer libre enfin
de produire de son intimité close
la succulence des fruits (42).

Car cette faim universelle, cette soif universelle, sont le besoin, qu'éprouve l'univers, d'une civilisation qui, pour SATISFAIRE tout le monde, DOIT être constituée par l'apport de tout le monde, ce qui impose à la race du poète un DEVOIR... Seulement, pour que «ce que l'homme noir apporte» (43) au «rendez-vous du donner et du recevoir» cher à Senghor, soit apprécié à sa juste valeur, il faut d'abord que la race noire soit débarrassée des chaînes de toute domination, de toute oppression, de toute dépendance, et rendue à la liberté sans laquelle et le donateur et le don ne peuvent qu'être méprisés.

Cet effort pour se libérer, les injures mêmes de l'histoire, les brimades, l'oppression, sont comparés ici aux blessures incises dans le tronc d'un arbre, et au labour du sol nourricier sans lesquels l'arbre ne peut produire des fruits, qui, en outre, sont destinés à d'autres !

Et les fruits de la liberté sont d'autant plus délicieux qu'on a éprouvé les horreurs de la servitude, les fruits de la victoire, qu'on a éprouvé la rudesse des combats, même et surtout si l'on sait que c'est pour sa descendance (ici, pour sa race) que l'on combat (44).

Ces fruits sont comparés ici à un verger situé sur une île entourée d'une mer furieuse qui exige, pour être franchie, une pirogue «vigoureuse» et un piroguier déterminé.

L'immensité de l'effort à fournir exige donc de l'opprimé un dévouement à la cause qu'il défend, acceptation des risques que comporte une telle entreprise (car l'arbre accepte les blessures et Césaire s'exhorte à accepter, comme l'arbre, «son *destin* de nègre, son histoire, sa culture» :

> *Et soyez - mon coeur - l'arbre de nos mains !),*

«obstination», volonté farouche de réussir, reniement de soi, humilité. Et Césaire «accepte... accepte» sa «race» et son histoire injurieuse (45), mais uniquement pour laver ces injures :

> *Présences je ne ferai pas avec le monde*
> *ma paix sur votre dos (46). Raison rétive*
> *tu ne m'empêcheras pas de lancer*
> *absurde sur les eaux au gré des*
> *courants de ma soif*
> *votre forme, îles difformes,*
> *votre fin, mon défi (47).*

Au passage, il apostrophe affectueusement les îles (les Antilles) dont l'une l'a vu naître :

> *Iles annelées, unique carène belle*
> *Et je te caresse de mes mains d'océan. Et*
> *je te vire*
> *de mes paroles alizées. Et je te lèche de mes*
> *langues d'algues.*
> *Et je te cingle hors - flibuste (47),*

préfigurant ainsi son héros, Patrice Lumumba, qui s'écriera, lui aussi :

> *Pour Kongo ! Tenez. Je l'élève au-dessus de ma tête :*

30

Je le ramène sur mon épaule.
Trois fois je lui crachote au visage
je le dépose par terre et vous demande
à vous : en vérité
connaissez-vous cet enfant ? et vous
répondez tous : c'est Kongo, notre roi ! (48).

Au passage aussi, Césaire proclame la solidarité de la race noire, sur toute la surface de la terre :

J'accepte !
Et mon originale géographie aussi ; la carte
du monde faite à mon usage, non pas
teinte aux arbitraires couleurs des savants,
mais à la géométrie de mon sang répandu (45),

à cause des souffrances infligées à la seule race noire, sur toute la surface de la terre :

la négritude,
non plus un indice céphalique, ou un
plasma, ou un soma, mais mesurée au
compas de la souffrance (49).

Et voici soudain la prière de Césaire exaucée, le poète saisi par un souffle révolutionnaire qui secoue également son pays

et voilà... l'énorme poumon
des cyclones qui respire et le feu thésaurisé
des volcans et le gigantesque pouls sismique
qui bat maintenant la mesure d'un corps
vivant en mon ferme embrasement.
Et nous sommes debout maintenant,

31

mon pays et moi, les cheveux dans le vent... (50),

ainsi que la race noire et traque et détruit jusqu'au plus profond du coeur des nègres

> *la vieille négritude progressivement*
> *se cadavérise* (51),

tout ce qui faisait d'eux des réactionnaires, ceux

> *à qui on a inculqué savamment la peur,*
> *le complexe d'infériorité, le tremblement,*
> *l'agenouillement, le désespoir, le larbinisme* (52).

En même temps, une «voix-force» cosmique démystifie l'Europe, avec le même pouvoir de persuasion que la voix d'une conscience ou la vérité d'une évidence, et proclame la nécessité, donc la noblesse, de tout combat libérateur de l'homme en général (et par suite, de celui du nègre en particulier) :

> *et il reste à l'homme à conquérir*
> *toute interdiction immobilisée aux*
> *coins de sa ferveur* (50),

ainsi que l'égalité des races :

> *et aucune race ne possède le monopole de la*
> *beauté, de l'intelligence, de la force*
> *et il est place pour tous au rendez-vous*
> *de la conquête* (53).

Et «la vieille négritude» meurt :

c'était un très bon nègre (54)

tandis que naît à la révolte, à la révolution, une nouvelle race de nègres qui

retrouve dans son sang répandu le
goût amer de la liberté (55),

une nouvelle race de nègres qui aborderont bientôt une nouvelle ère de bonheur

à moi mes danses (56),

de fierté :

la danse-il-est-beau-et-bon-et-légitime
-d'être-nègre (56),

de liberté intégrale, surréaliste :

pour que mon âme luise aboie luise
aboie aboie aboie (57),

d'unité, de fraternité

enroule-toi, vent...,
embrasse-moi jusqu'au nous furieux
embrasse, embrasse NOUS (56),

après que le dernier bastion de la domination, de l'aliéna-tion, celui de la raison qui, selon les surréalistes, est la prison la plus cruelle, la plus horrible qui puisse exister pour l'homme

oh encore une mer à traverser...
encore un vieillard à assassiner
un fou à délivrer (57),

aura été enlevé.

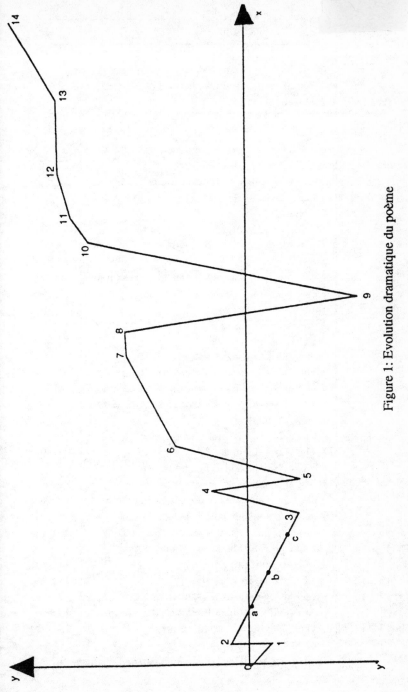

Figure 1: Evolution dramatique du poème

35

Axes	Significations	Pages
Point 0	Début de l'écriture du *Cahier*	
Axe ox	Le *Cahier* saisi dans son étendue typographique	
Axe oy	Enthousiasme révolutionnaire, optimisme, joie	
Axe oy'	Lassitude, tristesse	
Segments		
0 - 1	Prise de conscience de la misère matérielle et morale des Antilles	29-31
1 - 2	Espérance d'une révolution future	31
2 - 3:2a	Détails de la misère matérielle et morale des Antilles	33-41
ab	Nostalgie de l'enfance = rejet du présent	41-49
bc	Souvenir des misères de l'enfance = rejet du passé	49-57
c3	Souvenir de l'esclavage passé et de la colonisation présente = rejet du passé et du présent de la race	57-59
3 - 4	Projet du «retour au pays natal» en vue de libérer le peuple antillais	59-63
4 -5	Retour : désillusion causée par le spectacle de la misère morale des Antillais	63
5 - 6	Fuite en avant : identification de Césaire à toute l'humanité nègre avec son héritage de misère et de gloire	65-71
6 - 7	Provocation du Blanc, renversement de ses tables des valeurs	71-89
7 -8	Procès de l'Europe assassine, auteur de la déshumanisation des nègres	89-93
8 -9	Echec de Césaire à opérer la désaliénation de son peuple antillais; lassitude	93-101
9 -10	Auto-critique : épisode du nègre du tramway	101-111
10 - 11	Amour pour Suzanne, sa femme; orgueil et joie d'être futur père	111-115
11 - 12	La Négritude triomphante	115-125
12 - 13	Acceptation de tous les sacrifices à consentir pour obtenir la libération des Noirs	125-137
13 - 14	Avènement de la révolution nègre	137-155

Tableau explicatif de la figure 1, page 34

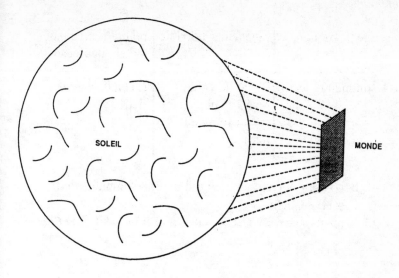

Fig.2 : Un monde plan

VALEURS POSITIVES	VALEURS NEGATIVES
sommeil	état de veille
nuit	jour
obscurité	lumière
mysticisme nègre	connaissance scientifique
inconscience	prise de conscience de la situation dégradante du nègre acculturé, «prolétarisé»
délire	raison
paganisme	christianisme
Afrique rêvée, belle civilisation nègre	Europe connue, laide, civilisation occidentale

Tableau II. Echelle des valeurs dans le *Cahier*

songe heureux	cauchemar horrible	réalité fictive, souhaitée, heureuse
A sommeil objectif	B état de veille =réalité objective =2nd sommeil, fictif	C état de veille D fictif

B = réveil objectif = début d'un 2nd sommeil, fictif
C = réveil fictif

Fig.3 Rapports sommeil - état de veille, rêve et réalité dans le *Cahier*

Nègres heureux	Nègres réduits à la misère	Nègres rendus à leur dignité
A' Passé	B' Présent	C' Avenir D'

B' = intrusion de l'esclavagiste, du colonisateur Blanc en Afrique
C' = Révolution future espérée

Fig.4 Rapports passé-présent-avenir dans le *Cahier*

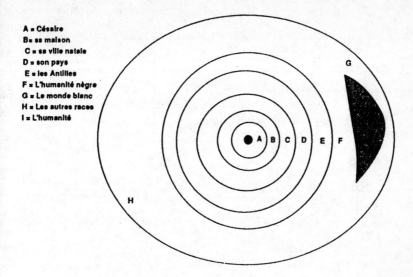

A = Césaire
B = sa maison
C = sa ville natale
D = son pays
E = les Antilles
F = L'humanité nègre
G = Le monde blanc
H = Les autres races
I = L'humanité

Fig.5 : Espace humain dans le *Cahier*

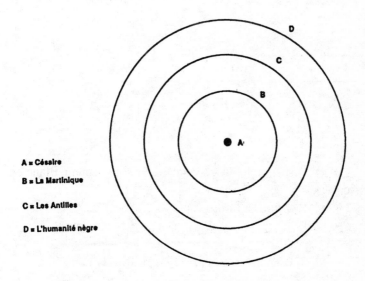

A = Césaire

B = La Martinique

C = Les Antilles

D = L'humanité nègre

Figure 6. Portée collective de la révolution césairienne

39

CHAPITRE 2

UN POEME DE L'EXIL

A partir de l'expression «au bout du petit matin» qui ouvre le poème et qui est répétée, sous des formes diverses («tiède petit matin», «sale bout de petit matin», etc.) plus de trente fois, et de ce que nous en avons dit plus haut :

un soleil qui se lève et qui projette sur
la face des choses qu'il dé-couvre, l'éclat
incendiaire de ses rayons lumineux,

nous pourrions concevoir une représentation plane du monde et des choses du monde (Cf. figure 2, page 36).

Le monde apparaît alors comme une surface plane, infiniment petite en face du Soleil, compte tenu de l'ubiquité des rayons que celui-ci y projette. Il est vrai que le soleil est aussi un oeil, l'oeil humain, infiniment petit en face du monde qui l'entoure, mais qui a le don de mettre à nu, sous son regard, les choses du monde. Quoi qu'il en soit, pour que le soleil et l'oeil humain soient à même de dénuder les choses, il a fallu qu'ils en soient distincts.

Et Césaire - soleil, pour dé-couvrir la misère des Antilles, la lâcheté, la bassesse de son peuple, a d'abord dû s'en exiler, pour s'attendrir sur son enfance, a d'abord dû en sortir, pour se remémorer avec nostalgie le passé heureux, quelquefois même glorieux

> *amazones du roi du Dahomey, princes de*
> *Ghana avec huit cents chameaux, docteurs*
> *à Tombouctou Askia le Grand étant roi,*
> *architectes de Djénné, Mahdis, guerriers...* (58)

de sa race, a d'abord dû faire l'expérience de la période d'après-ce-passé, c'est-à-dire, de la période qui a succédé à l'intrusion de l'esclavagiste, du colonisateur Blanc en Afrique ; pour redécouvrir, dans la douleur, certes, mais aussi avec fierté, sa «négritude», il a d'abord fallu faire l'expérience de l'aliénation culturelle, de la tentation de se blanchir, de la honte de sa peau noire et de «(son) destin de noir, de (son) histoire, de (sa) culture» : pour se juger lui-même lâche, après l'épisode du nègre du tramway, il a dû, auparavant, sortir, se détacher de lui-même, pour mieux s'observer ; de même que pour dénoncer les crimes de l'Europe, s'attaquer à ses valeurs technico-christiano-rationnelles, il a fallu qu'il se débarrasse de l'Europe que nous pouvons symboliser ici par son propre manteau d'assimilé.

Certes, ici, l'image de l'Europe fait penser plutôt à un enfer d'où l'on est heureux de s'évader sans espoir de retour, mais nous ne pouvons nous empêcher d'objecter, en passant, que c'est parce que l'Europe a failli à sa mission d'être un paradis, à cause de son refus obstiné de reconnaître comme siens les intellectuels nègres comme Césaire, comme Senghor, qui pourtant ont déployé tous leurs efforts pour faire oublier la couleur de leur peau.

Dans quelles circonstances avons-nous, écrit
Senghor (59), Aimé Césaire et moi, lancé, dans
les années 1933-1935 le mot de Négritude ? Nous
étions alors plongés, avec quelques autres étu-
diants noirs, dans une sorte de désespoir panique.
L'horizon était bouché. Nulle réforme en perspec-
tive, et les colonisateurs légitimaient notre dé-
pendance politique et économique par la théorie
de la table rase. Nous n'avions, estimaient-ils,
rien inventé, rien créé, rien écrit, ni sculpté,
ni peint, ni chanté. Des danseurs ! et encore...
Pour asseoir une révolution efficace, notre révo-
lution, il nous fallait d'abord nous débarrasser
de nos vêtements d'emprunt - ceux de l'assimila-
tion - et affirmer notre être, c'est-à-dire notre
négritude.

Poème de l'exil, s'il en est, le *Cahier d'un retour au*
pays natal l'est donc sous ces aspects multi-dimensionnels,
et son moi culturel, psychologique et racial, son «pays
natal», la fraternité, la solidarité avec «son» humanité noire,
sont autant de paradis perdus vers la reconquête desquels
tendent tous les efforts de notre poète. D'où ces

gestes imbéciles et fous pour faire revivre
l'éclaboussement d'or des instants favorisés,
le cordon ombilical restitué à sa splendeur
fragile, le pain, et le vin de la complicité,
le pain, le vin, le sang des épousailles véri-
diques (6).

- D'où l'immense douleur qui sourd du poème à chaque

page, qui suinte sous chaque ligne, sous chaque mot, au souvenir de

> *cette joie ancienne apportant (au poète) la*
> *connaissance de (sa) présente misère* (8).

- D'où l'immense joie qui s'empare de lui lorsqu'un miracle, à même distance de mirage et de souvenir,

> *(restitue) à (sa) gourmandise, ce plus essen-*
> *tiel pays, non de diffuse tendresse, mais la tour-*
> *mentée concentration sensuelle du gras téton des*
> *mornes avec l'accidentel palmier comme son germe*
> *durci, la jouissance saccadée des torrents et*
> *depuis Trinité jusqu'à Grand-Rivière, la grand-*
> *lèche hystérique de la mer* (8).

- D'où le désarroi rétrospectif du poète devant le

> *temps (qui) passait vite, très vite* (60)

et qu'il aurait voulu retenir ainsi que

> *les lunules des manguiers, les cyclones de*
> *septembre, les cannes d'octobre, les distil-*
> *leries de novembre,*

ainsi que Noël avec

> *(son) picotement de désirs, (sa) soif de ten-*
> *dresses neuves, (son) bourgeonnement de rêves im-*
> *précis... ses grandes ailes de joie... (ses) ri-*
> *res, (ses) chuchotis, (ses) confidences, (ses)*
> *déclarations amoureuses, (ses) médisances et la*

44

cacophonie gutturale d'un chantre bien d'attaque
et aussi de gais copains et de franches luronnes,
et (ses) cases aux entrailles riches en succulen-
ces, et pas regardantes..., et... (ses) chants...,
et toutes sortes de bonnes choses qui vous imposent
autoritairement les muqueuses ou vous les dis-
tillent en ravissements, ou vous les tissent de
flagrances... et les bouches qui chantent (ainsi
que) les mains..., les pieds, les fesses..., les
sexes, et la créature tout entière qui se liqué-
fie en sons, voix et rythme (61).

- D'où la volupté avec laquelle il caresse,

 au sortir de l'Europe toute révulsée de cris (62),

l'idée de re-trouver, en même temps que son pays natal,

 Le secret des grandes communications et des gran-
 des combustions (10).

Et ce pays natal donc ?

 Terre tendue terre saoûle
 terre grand sexe levé vers le soleil...
 il (me) suffirait d'une gorgée de ton
 lait jiculi pour qu'en toi je découvre
 toujours à même distance de mirage - mille
 fois plus natale et dorée d'un soleil que
 n'entame nul prisme - la terre où tout
 est libre et fraternel, (ma) terre (11).

- D'où le cynisme satanique avec lequel il proclame sa haine
pour le Blanc et sa «raison» à laquelle il oppose sa propre

démence précoce, (sa) folie flamboyante,
(son) cannibalisme tenace (17).

- D'où sa satisfaction sado-masochiste lorsqu'il reconnaît en lui, l'espace d'un voyage en tramway, sa «lâcheté retrouvée» (26).
- D'où la paix de l'âme qui l'envahit presque, lorsqu'il accepte enfin de recouvrer son patrimoine de toujours, son

originale géographie ; la carte du monde faite
à (son) usage, non pas teinte aux arbitraires
couleurs des savants, mais à la géométrie de
(son) sang répandu (47).

- D'où son incommensurable bonheur, à la dé-couverte de sa «Négritude» ressuscitée, triomphante :

Et elle est debout la négraille
assise
inattendument debout...
debout et non point pauvre folle dans sa
liberté et son dénuement maritimes
girant en la dérive parfaite (55).

Poème de l'exil. Exil du Dieu-Puissant qu'ennuie la conscience de l'éternelle solitude à laquelle le condamne sa toute-puissance, et que réjouit secrètement la présence à ses côtés d'un contraire, d'un adversaire à combattre, d'un ennemi juré sur qui déverser sa haine, car la haine est aussi douce au coeur que l'amour et «il reste à la psychologie beaucoup de progrès à faire» (63).

Et notre Dieu Noir, Césaire, a trouvé son diable (Blanc).

Exil de Dieu. Du Dieu - Césaire qui, mélancolique, regarde se mouvoir, à une distance incommensurable qui les fait tout petits, semblables à des fourmis, la masse grouillante des êtres humains qu'il avait éloignés de lui, dans un moment d'irresponsabilité.

Car il y a quelque chose de détaché, de supérieur, d'extra-lucide même, pourrions-nous dire, de divin, dans le regard que Césaire pose sur lui-même, sur son peuple, sur sa race, sur la race Blanche, sur la masse grouillante des humains.

Car sa revendication «transcende», comme l'a justement remarqué Breton (64), «à tout instant l'angoisse qui s'attache, pour un Noir, au sort des Noirs dans la société moderne et, ne faisant plus qu'une avec celle de tous les poètes, de tous les artistes, de tous les penseurs qualifiés mais lui fournissant l'appoint du génie verbal, elle embrasse en tout ce que celle-ci peut avoir d'intolérable et aussi d'infiniment amendable la condition plus généralement faite à l'HOMME par cette société».

CHAPITRE 3

UN POEME HUMANITAIRE

Sous le signe d'«un retour au pays natal», c'est, en effet, étape par étape, l'humanité entière que Césaire embrasse du regard, dans son *Cahier* (Cf. figure 5, page 38).

Après avoir ouvert le poème sur le «je» de sujet scripteur, sujet de l'histoire, «je» qui reviendra à profusion dans la suite du *Cahier*, il nous offre une description imagée des Antilles et de leur misère :

> *Les Antilles qui ont faim, les Antilles*
> *grêlées de petite vérole, les Antilles*
> *dynamitées d'alcool...* (2).

Ensuite, il fait entrer en scène «une ville plate» à laquelle l'absence de nom (bien que nous puissions deviner qu'il s'agit de Basse-Pointe ou, à la rigueur, de Fort-de-France) confère la représentativité de tout le peuple Martiniquais dans ce qu'il a de résigné, de veule, de vile, de mesquin, de misérable aussi :

> *Et dans cette ville inerte, cette foule criarde*

si étonnamment passée à côté de son cri comme
cette ville à côté de son mouvement, de son sens,
sans inquiétude, à côté de son vrai cri... de
faim, de misère, de révolte, de haine, cette
foule si étrangement bavarde et muette (4).

Puis la maison qui a vu naître le poète :

une autre petite maison qui sent très mauvais
dans une rue très étroite, une maison minuscule
qui abrite en ses entrailles de bois pourri des
dizaines de rats et la turbulence de mes six
frères et soeurs, une petite maison cruelle dont
l'intransigeance affole nos fins de mois... (65).

Mais le peuple martiniquais est, quelques pages plus loin,
directement indexé:

J'arriverais lisse et jeune dans ce pays mien
et je dirais à ce pays dont le limon entre dans
la composition de ma chair : «J'ai longtemps erré
et je reviens vers la hideur désertée de vos
plaies (11),

et comme les habitants de cette «ville plate» (Basse-Pointe
ou Fort-de-France ? ou peut-être les deux à la fois), il offre
le même spectacle décevant, de désolation :

Et voici que je suis venu !
De nouveau cette vie clopinante devant moi,
non pas cette vie, cette mort, cette mort
sans sens ni piété, cette mort où la gran-
deur piteusement échoue, l'éclatante peti-
tesse de cette mort, cette mort qui clopine

de petitesses en petitesses (12).

C'est cet évanouissement des espoirs que Césaire attachait à son «retour au pays natal», qui l'accule, opérant ainsi une relance de l'écriture, à la fuite en avant, dans une humanité nègre d'autant plus confortable qu'elle est plus abstraite, plus lointaine, plus vaste, plus multiforme aussi, comportant, outre les misères qu'on retrouve aux Antilles :

ces quelques milliers de mortiférés qui tour-
nent en rond dans la calebasse d'une île (13),

des objets de gloire, de fierté :

Haïti où la négritude se mit debout pour la
première fois et dit qu'elle croyait à son
humanité... (14) *ce qui est à moi...*
(C'est) un homme seul qui défie les cris
blancs de la mort blanche·
- TOUSSAINT, TOUSSAINT
LOUVERTURE - (15).

Une fois reconnue, ainsi que sa «négritude», cette

carte du monde... teinte... à la géométrie
(du) sang (nègre) répandu (45),

se dessine, dans toute la clarté des rapports conflictuels qu'il entretient avec l'humanité nègre, un autre univers, celui des Blancs :

Parce que nous vous haïssons, vous et votre raison,
nous nous réclamons de la démence précoce... (17) ;

51

et encore :

> *Mais qui tourne ma voix ? qui écorche ma voix… ?*
> *C'est toi sale haine, c'est toi poids de l'in-*
> *sulte et cent ans de coups de fouet. C'est toi*
> *cent ans de ma patience, cent ans de mes soins*
> *juste à ne pas mourir* (66);

et aussi :

> *Accomodez-vous de moi. Je ne m'accomode pas de*
> *vous !* (67) ;

et toujours :

> *Au sortir de l'Europe toute révulsée de cris*
> *les courants silencieux de la désespérance*
> *au sortir de l'Europe peureuse qui se reprend*
> *et fière se surestime*
> *Je veux cet égoïsme beau et*
> *qui s'aventure* (20) ;

> *Ou bien tout simplement comme on nous aime !*
> *obscènes gaiement, très doudous de Jazz sur*
> *leur excès d'ennui* (21).

Puis découvre son visage, l'Afrique, toujours omni-présente depuis le début du poème, l'Afrique auréolée de tout l'éclat, de toute la beauté des rêves inaccessibles, l'Afrique que le poète oppose ici à son peuple Antillais :

> *Non, nous n'avons jamais été amazones du roi*
> *du Dahomey, ni princes de Ghana avec huit cents*

chameaux, ni docteurs à Tombouctou Askia le Grand
étant roi, ni architectes de Djénné, ni Mahdis, ni
guerriers. Nous ne nous sentons pas sous l'aissel-
le la démangeaison de ceux qui tinrent jadis la
lance... (58).

Mais l'Afrique est aussi partie intégrante de l'humanité noire.

- Enfin, quand le poète atteint à la plénitude du bonheur que confère la fierté d'être époux et père, il conçoit le rêve le plus magnanime de tout le poème, qui a fait dire de sa Négritude qu'elle est un «racisme anti-raciste» (68), le rêve d'un univers multi-racial d'où la haine serait bannie :

> *«Ne faites point de moi cet homme de haine pour*
> *qui je n'ai que haine...»*
> *ce que je veux*
> *c'est pour la faim universelle*
> *pour la soif universelle*
> *la sommer libre enfin*
> *de produire de son intimité close*
> *la succulence des fruits* (41).

CHAPITRE 4

LE PROCESSUS D'UNE REVOLUTION INTERIEURE

Mais si, accessoirement, et en fin de compte, le *Cahier d'un retour au pays natal* est un poème de l'homme pour l'homme, il est indéniable également que, dans son projet tout au moins, il soit avant tout l'itinéraire d'une libération, d'une libération du nègre à l'intérieur du coeur même de son auteur.

Au commencement était un homme, un Martiniquais, plongé dans le profond sommeil de l'inconscience des choses de chez lui, et qui, un beau matin, se «réveille» et découvre, autour de lui, un univers étranger, hostile, d'acier et de béton (Paris, France, Europe) et, en face de lui, son pays

> *qui (a) faim, (son pays) grêlé de petite vérole,*
> *(son pays) dynamité d'alcool, échoué dans la boue*
> *de cette baie, dans la poussière de cette ville*
> *sinistrement échoué* (2).

Il tente alors d'effacer de sa vue, de sa conscience, ce spectacle répugnant, de se réfugier, tel l'autruche se cachant les yeux dans le sable du désert lorsqu'elle est poursuivie, dans le passé mythique, glorieux, de sa race, le passé d'avant l'intrusion des Blancs en Afrique :

> *Va-t-en, lui disais-je, gueule de flic...*
> *Puis je me tournais vers des paradis pour lui*
> *et les siens perdus... et là... je nourrissais*
> *le vent, je délaçais les monstres et j'entendais*
> *monter de l'autre côté du désastre, un fleuve*
> *de tourterelles et de trèfles de la savane que*
> *je porte toujours dans mes profondeurs... et par*
> *précaution contre la force putréfiante des am-*
> *biances crépusculaires, arpentée nuit et jour d'un*
> *sacré soleil vénérien* (1).

Mais le spectacle résiste. Incapable d'agir lui-même, Césaire en appelle alors, intérieurement, à un charme extérieur à lui (ici, les volcans, l'eau nue), pour gommer ce spectacle indésirable ; **ce charme, nous l'avons nommé «REVOLU-TION».**

A ce stade, Césaire n'ayant pas pris conscience encore des tâches qu'il lui incombe d'accomplir afin de déclencher cette révolution, celle-ci nous apparaît uniquement oniri-que, plus qu'utopique. Entre le rêve et son accomplisse-ment, la distance est infinie. Mais cette distance, Césaire s'emploiera, étape par étape, à la réduire.

Tout d'abord, il prend conscience du fait qu'une révolution ne se réalise pas pour un peuple, au nom d'un peuple, mais que c'est aux peuples eux-mêmes qu'il appar-tient de faire leur propre révolution, donc qu'à toute révolution, une prise de conscience, par le peuple, de son état d'aliéné, d'exploité, de dominé, et de la nécessité de s'unir, pour se soulever et se libérer du joug du dominateur, est un préalable nécessaire.

Or, justement, le peuple antillais

à qui on a inculqué savamment la peur, le complexe
d'infériorité, le tremblement, l'agenouillement,
le désespoir, le larbinisme (52),

ne se révolte pas : Césaire réalise alors, troisième étape de sa prise de conscience, sa vocation : il va «partir» (69), retourner dans son pays, se mettre au service de son peuple, se faire son porte-parole, son «délégué», afin d'arracher au colonisateur blanc, le droit à la vie de ce peuple sien.

Cependant, la réalité dépasse la fiction. L'éloignement, la longue absence, avaient atténué, dans l'esprit du poète, l'étendue de l'avachissement de son peuple, de sa veulerie. Et le réveil est brutal, la lassitude poignante, l'échec retentissant :

cette mort où la grandeur piteusement échoue (12).

C'est alors que Césaire effectue ce que nous avons appelé «une fuite en avant, dans une humanité nègre d'autant plus confortable qu'elle est plus abstraite, plus lointaine, plus vaste, plus multiforme aussi» (70). Cette fuite est donc, avant tout, une démission : seulement, elle est, en même temps, une victoire, et une victoire des plus spectaculaires, car, pour la première fois depuis le début, va intervenir dans le poème, la conscience raciale de Césaire, dans laquelle tous les nègres se reconnaîtront, sur toute la surface de la terre, et qui fera du *Cahier d'un retour au pays natal*, selon le mot de Lilyan Kesteloot (71), «l'hymne national des Noirs du monde entier» !

Car, pour la première fois, va intervenir, dans la littérature mondiale, le néologisme «**négritude**» dont Césaire est l'auteur, et qui donnera son nom à tout un courant de littérature nègre de langue française !

Car ce néologisme, employé à propos d'Haïti, et désignant le raz-de-marée, l'éruption volcanique, le phénomène Toussaint Louverture (72), symbolise, ici, ce qu'il y a de plus noble, de plus fier, de plus beau dans le Noir :

> *Haïti où la négritude se mit debout pour la première fois et dit qu'elle croyait à son humanité* (14),

et encore :

> *ce qui est à moi*
> *c'est un homme seul qui défie les cris*
> *blancs de la mort blanche*
> *(TOUSSAINT, TOUSSAINT,*
> *LOUVERTURE)*
> *c'est un homme qui fascine l'épervier blanc*
> *de la mort blanche*
> *c'est un homme seul dans la mer inféconde*
> *de sable blanc*
> *c'est un moricaud vieux dressé contre*
> *les eaux du ciel*
> *La mort décrit un cercle brillant au-dessus*
> *de cet homme.*
> *La mort étoile doucement au-dessus de sa tête.*

La mort souffle, folle, dans la cannaie mûre
de ses bras
la mort galope dans la prison comme un cheval
blanc...
la mort est un patyura ombrageux
la mort expire dans une blanche mare de silence.
Gonflements de nuit aux quatre coins de ce petit matin
soubresauts de mort figée
destin tenace
cris debout de terre muette
la splendeur de ce sang n'éclatera-t-elle point ? (73).

Car, pour la première fois dans le *Cahier*, va intervenir, à la place du «je» égocentrique, le «nous» collectif, symbole de la solidarité raciale retrouvée!

Nous dirions. Chanterions. Hurlerions.
Voix pleine, voix large, tu serais notre bien,
notre pointe en avant (74).

Ici, se déclenche, cinquième étape du processus révolutionnaire du *Cahier*, la toute lautréamontienne, apocalyptique danse des mots, des mots qui, pour libérer les Nègres de la domination culturelle et spirituelle des Blancs, beaucoup plus redoutable que la domination physique, parce que plus pernicieuse, renversent les tables des sacro-saintes valeurs blanches, dont celles de la morale judéo-chrétienne et de la raison, et proclament le règne nègre de

la démence précoce, de la folie
flamboyante, du cannibalisme tenace (17).

Puis le procès de l'Europe assassine, de l'Europe sournoise qui

de rhum génialement (arrose) nos révoltes ignobles,
pâmoisons d'yeux doux d'avoir lampé la liberté fé-
roce (20).

Puis le procès de certains nègres (la révolution est exigence !), de certains nègres qui, pour plaire au Blanc, «vautrent» leur «dignité dans les dégobillements...» (21).

Mais cette épopée passionnante n'était qu'un rêve, une illusion, car le très réel spectacle des Antilles «dévirilisées» est là :

Cette voix qui crie, lentement enrouée, vaine-
ment, vainement enrouée,
et il n'y a que les fientes accumulées de
nos mensonges - et qui ne répondent pas (21).

Car le peuple de Césaire est un peuple réactionnaire et les colonisateurs y ont mené à bien leur oeuvre d'aliénation, à tel point que ce peuple, loin de répondre au cri de guerre libératrice de Césaire, entonne plutôt l'hymne aux vainqueurs...

Car après l'épisode du nègre du tramway et un véritable retour sur lui-même, le poète achève de se reconnaître entièrement, sincèrement, humblement, dans ce peuple lâche. Cependant, au moment où tout semblait irrémédiablement perdu, intervient un autre élément extérieur à Césaire et qui va tout sauver : son amour pour sa femme et l'espoir qu'il attache à l'enfant qu'elle porte, lui insufflent un nouvel élan révolutionnaire que n'arrêtera plus ni le sous-développement intellectuel, culturel, moral, spirituel et matériel de sa race, ni le poids des injures infligées par l'histoire, ni la conscience de l'immensité de l'effort à fournir pour parvenir à la reconquête de la liberté, ni l'aliénation de

> *ceux qui considèrent que l'on est nègre comme com-*
> *mis de seconde classe : en attendant mieux et avec*
> *possibilité de monter plus haut... ceux qui di-*
> *sent à l'Europe : «Voyez, je sais comme vous faire*
> *des courbettes, comme vous présenter mes hommages,*
> *en somme, je ne suis pas différent de vous ; ne*
> *faites pas attention à ma peau noire : c'est le so-*
> *leil qui m'a brûlé»* (54).

Et cette fois-ci, Césaire, qui avait réussi, entre-temps, après avoir banni, de son coeur, la colère, et accepté «son destin de nègre, son histoire, sa culture», à coïncider avec sa race, à se confondre, à se souder à elle, réussit enfin le miracle de l'entraîner avec lui dans sa course révolutionnaire, vertigineuse :

> *Et elle est debout la négraille*
> *la négraille assise*
> *inattendument debout...*
> *debout*
> *et libre* (55).

CHAPITRE 5

LA PORTEE COLLECTIVE DE LA REVOLUTION CESAIRIENNE

Hélas ! quand je vous parle de moi,
je vous parle de vous... Ah ! insensé,
qui crois que je ne suis pas toi !
Victor HUGO (*Les Contemplations*)

Et, de fait, il y eut, après le *Cahier*, une véritable révolution dans le monde nègre, une révolution culturelle d'abord, politique ensuite, dont nous pouvons attribuer la responsabilité, dans une certaine mesure, au *Cahier d'un retour au pays natal*.

Tout d'abord, l'éveil de la conscience, chez Césaire, dont nous avons parlé à propos du leitmotiv «Au bout du petit matin», est consécutif à un sommeil qui était aussi celui de toute la race noire.

Et le fait qu'il soit le premier à se réveiller (sinon l'un des premiers tout au moins, dans la réalité située hors du *Cahier*), lui confère, d'emblée, le droit d'aînesse dans un monde qu'à sa suite découvrira, avec émerveillement, toute sa race, le statut d'éclaireur, de guide, au sens premier du terme ; et comme chaque pas que fait un guide est refait par ses suivants, chaque mot, chaque parole, chaque étape de l'itinéraire spirituel que constitue le *Cahier*, seront repris en compte par la grande masse des nègres que mène le poète, depuis le «je» apparemment, faussement égocentrique, du début, jusqu'au «nous» avoué.

Ainsi, dès le début, auteur et lecteur se confondent dans ce «je» ambigu qui se rapporte aussi bien à l'auteur qu'à son peuple, à sa race, voire, comme nous l'avons montré, à l'humanité. Mais comme nous l'avons également montré, la signification humanitaire du *Cahier* n'est qu'accessoire, la signification essentielle étant d'abord patriotique, et surtout, RACIALE.

Nous avions montré, au début de notre étude, comment, dès la première page du *Cahier*, Césaire fait intervenir l'Afrique dans ce qu'elle a de culturel et de mystique :

je nourrissais le vent, je délaçais les monstres (1).

Si l'on se rappelle, en outre, que Césaire, s'il est originaire d'Afrique, n'est plus Africain, mais Antillais, mais Martiniquais, et si l'on y ajoute le fait que les paradis dont il parle sont perdus pour la collectivité étrangère constituée par «lui et les siens» et non pour Césaire lui-même, cela signifie que notre poète participe toujours de la culture et du mysticisme dont il s'agit, et que la collectivité de ceux qui participent et qui sont ici visés, n'est pas seulement constituée par les Africains, mais aussi par les nègres du monde entier, car ce qui relie Césaire à l'Afrique, c'est tout simplement sa négritude, c'est-à-dire le fait d'être nègre.

En outre, que peut bien être le «fleuve de tourterelles et de trèfles de la savane qu'(il) porte toujours dans (ses) profondeurs... par précaution contre la force putréfiante des ambiances crépusculaires», sinon sa vision du monde, sa culture nègre qu'il protège contre la souillure de la culture blanche ?

Mais du général présenté comme point de départ - et qui sera également l'ultime «but» du *Cahier* -, Césaire descend au moins général. De l'humanité nègre embrassée du regard dès le premier coup d'oeil, il fixe son regard sur un espace moins vaste, les Antilles, considérées, du fait de l'absence du qualificatif restrictif «Françaises» ou «Anglaises», dans leur ensemble - une exception étant faite, toutefois, plus loin, pour Haïti (14) - ; du coup, ce regard devient critique, et l'«Antillais» (Césaire individu s'effaçant, ou plutôt se fondant dans la nouvelle collectivité visée) se désole de sa misère matérielle, physique, morale et spirituelle, dont les responsables - tout effet ayant une cause, et la cause de la misère d'un peuple étant explicable, dans la perspective Marxiste - Léniniste, par les conflits d'intérêts opposant bourgeoisie et prolétariat -, ici bourgeoisie locale et colonialistes européens, seront engloutis, en même temps que «les taches mûres du soleil» qu'est cette plaie antillaise ci-dessus nommée, par «les volcans» et «l'eau nue» de la Révolution antillaise.

Mais ici, Césaire porte-parole reprend ses distances vis-à-vis de la collectivité antillaise qu'il représentait, et pose sur celle-ci un regard autrement critique. En déplorant l'inanité du bavardage de

> *cette foule criarde si étonnamment passée à*
> *côté de son cri... de faim, de misère, de*
> *révolte, de haine* (4),

il invite implicitement celle-ci à

> *faire foule (et à) participer à (tout) ce*
> *qui s'exprime, s'affirme, se libère au grand*
> *jour de cette terre sienne* (75).

Du coup, Césaire passe, de sa qualité de «porte-parole», à la qualité d'«éducateur», une autre étape nécessaire de la démarche révolutionnaire d'un auteur, dans la perspective d'une littérature «engagée».

Puis, l'espace d'une page (9), l'auteur dépasse et le cadre des Antilles, et le cadre de l'humanité noire, pour s'identifier à l'ensemble des opprimés de la terre, qu'ils soient victimes d'une discrimination raciale :

> *un homme-juif...*
> *un-homme-de-Harlem-qui-ne-vote-pas,*

de l'appétit colonial des impérialistes de tous bords

> *un homme-hindou-de-Calcutta,*

ou tout simplement d'un écrasement impitoyable par la société capitaliste :

> *un chiot*
> *un mendigot,*

et retrouve sa fonction première de porte-parole :

> *Qui ne me comprendrait pas ne comprendrait*
> *pas davantage le rugissement du tigre,*

qu'il conserve pour exalter, avec amour, la terre natale, la Martinique qu'il redécouvre, «à même distance de mirage», libre et fraternelle.

Ici, la fonction césairienne de porte-parole passe de l'immédiat au médiat, pour reprendre une expression sartrienne, de l'état spontané à l'état réfléchi, et se fait projet et mission tournés vers la mère-patrie, à la fois Martinique et Antilles :

> *J'arriverais lisse et jeune dans ce pays*
> *mien et je dirais à ce pays...*
> *Et si je ne sais que parler, c'est pour*
> *vous que je parlerai...*
> *Ma bouche sera la bouche des malheurs*
> *qui n'ont point de bouche, ma voix, la*
> *liberté de celles qui s'affaissent au cachot*
> *du désespoir* (11).

Cette fonction de porte-parole se double de celle d'homme d'action, de libérateur :

> *Et surtout mon corps aussi bien que mon âme*
> *gardez-vous de vous croiser les bras en l'atti-*
> *tude stérile du spectateur, car la vie n'est pas*
> *un spectacle, car une mer de douleurs n'est pas*
> *un proscenium, car un homme qui crie n'est pas*
> *un ours qui danse...*
> *Et voici que je suis venu !* (12).

Ensuite, après le constat de l'échec de sa mission d'éducateur de son peuple, ayant pour corollaire celui de sa mission de porte-parole, un porte-parole n'étant pas un démagogue et un imposteur, Césaire se tourne vers ce que nous avons appelé l'humanité nègre, dans laquelle il tente - avec succès, cette fois-ci - de se perdre, de se dissoudre, afin que sa parole redevienne une parole de prophète, une parole de partisan.

Et, de fait, après que les nègres, ces «damnés de la terre» (76), aient reconnu en Césaire leur «semblable», leur «frère», et aient tremblé du même tremblement que lui, d'indignation et de révolte, ils ont relevé la tête, avec lui, dans la fierté, à l'évocation du premier grand révolution-naire noir - le terme révolutionnaire étant entendu ici dans son sens d'homme opprimé qui prend les armes pour reconquérir sa liberté -, Toussaint Louverture, et, galvani-sés par l'exemple de celui-ci, ils ont, avec le poète, participé, avec allégresse, à la grande destruction épique des valeurs culturelles Blanches, supports de la civilisation occidentale et prétextes à la colonisation. Co-plaignants dans le procès intenté à l'Europe par Césaire, ils ont été également les co-juges de l'Europe pour tout ce sang et ces têtes de morts de la période coloniale et esclavagiste.

Avec Césaire, ils ont décidé, courageusement, de ne plus s'offrir en spectacle pour les beaux yeux et le bon plaisir des Blancs. Avec Césaire, ils ont jeté un regard pitoyable et réprobateur sur les Antillais, leurs frères rétrogrades.

Avec lui, ils sont redescendus au plus profond d'eux-mêmes, pour s'analyser, faire leur auto-critique, et prendre de nouvelles résolutions pour l'avenir, afin de participer après, avec lui, à l'apothéose finale.

CHAPITRE 6

LA REVOLUTION DU LANGAGE

Qu'ajouter à ce qui a déjà été dit (77) de ce qui, selon le mot de Le Carvennec E.J. (78), «dévoile la langue (césairienne) à elle-même, par le travail (par nous) effectué sur les signifiants, ce qui subvertit son code de dénotation et la propulse aux confins de la pluralité signifiante» où «l'objet tu, évoqué», conformément au voeu de Mallarmé (79), «dans une ombre exprès par des mots allusifs, jamais directs, se réduisant à du silence égal», surgit soudain devant nous, avec la quasi-clarté d'une évidence, sous la forme de «signifié», objet principal de notre étude ? Tout d'abord, notons la matérialisation et, par suite, la singularisation, par Césaire, grâce à son association, plus de trente fois répétée, avec la locution adverbiale «au bout de» et l'adjectif qualificatif «petit», de l'idée du matin, qui laisse entre-voir, par association d'idées, un dormeur éveillé, d'une part, et, d'autre part, un soleil qui se lève et réveille autour et en face de lui les horreurs de la réalité putréfiée (80). De notre analyse (81), il ressort que ce dormeur réveillé est Césaire, dont la conscience, un beau jour, s'éveille à certaines réalités détestables de sa vie de Nègre-Antillais à Paris...

Le groupe nominal «petit matin» signifie donc cette prise de conscience césairienne. Au premier rang des objets de celle-ci, sa culture nègre, c'est-à-dire païenne (donnée à lire d'abord à travers les activités qui la caractérisent : «je nourrissais le vent, je délaçais les monstres»), que le poète découvre paradisiaque, au sens le plus littéral du terme, par opposition à la civilisation européenne, chrétienne, représentée ici par un prêtre blanc, qu'il désigne par les qualificatifs méprisants «gueule de flic», «gueule de vache», «larbin de l'ordre», «hanneton de l'espérance», «mauvais gris-gris», et surtout... «punaise de moinillon» (82), qualificatifs d'autant plus méprisants que nous pouvons deviner qu'un «hanneton de l'espérance» est un destructeur de l'espérance, et que nous savons, en outre, qu'un «larbin de l'ordre» est un «flic», c'est-à-dire un esclave de l'ordre et un... «emmerdeur» au nom de l'ordre, et un mauvais gris-gris, un gris-gris qui, comme l'indique clairement sa traduction en anglais («evil charm»), au lieu de protéger contre le mal, sert plutôt à faire le mal !

En outre, le mot très familier et insultant «gueule» (qui désigne, au sens propre, la bouche de certains animaux), accouplé avec «vache», un terme tout aussi familier et insultant (qui signifie «salaud»), accentue encore la virulence de l'injure.

Ensuite, les mots se dé-nudent, se débarrassent de leur «ombre» comme d'un vêtement encombrant, pour non plus suggérer, mais nommer jusqu'à la «végétalisation»

Les Antilles bourgeonnant (83) *d'anses frêles,*

jusqu'à la personnification (84), le très concret spectacle des Antilles affamées, varioleuses

les Antilles grêlées de petite vérole..., échouées
«dans la boue de cette baie, dans la poussière de
cette ville sinistrement échouées»

comme des carcasses de navires, des Antilles où l'alcool est une dynamite avec laquelle l'ennemi blanc a traîtreusement détruit les êtres et les choses, où une vieille (femme de) vie sourit menteusement et où la misère elle-même est un cadavre pourrissant.

Puis le nom redevient symbole pour signifier, sous la forme de «volcans» et d'«eau nue», l'apocalyptique révolution qui lavera les Antilles de leurs plaies, à la manière d'une lave ou d'un raz-de-marée, et qui coïncidera avec l'«insensé réveil» d'une conscience trop longtemps endormie.

Mais le «nom» reprend bientôt ses droits, pour re-désigner, par les contenus, le contenant déjà nommé (les Antilles) qui devient ainsi plus concret encore.

Et ces nouveaux symboles, c'est une «ville plate, étalée» et, dans cette ville, une «foule» (d'Antillais) inconsciente, résignée ainsi que «le morne oublié, oublieux de sauter» (5) ; c'est

ce négrillon somnolent dont la voix d'inanition
s'est enlisée dans les marais de la faim (85) ;

c'est

les puanteurs exacerbées de la corruption... les
prostitutions, les hypocrisies, les lubricités,
les trahisons, les mensonges..., les arlequinades

71

de la misère, etc. (86) ;

selon la figure de rhétorique qui consiste à désigner un objet par sa qualité, sa caractéristique.

Puis, «au bout du petit matin», s'accomplit une action ininterrompue dont le début remonte à un certain moment historique, antérieur au moment de l'écriture (comme l'atteste l'imparfait de l'indicatif fréquemment utilisé) mais qui se prolongera vraisemblablement au-delà du moment de l'écriture, tant que ce passé contemporain du début de l'action, tant que ce passé qui fut et s'est enfui, n'aura pas été ressuscité autrement que par le souvenir. Cette action, c'est

nos gestes imbéciles et fous

dont le but est de «faire revivre l'éclaboussement d'or», c'est-à-dire le souvenir de ce passé fait d'«instants favorisés», de restituer (par le souvenir)

à sa splendeur fragile, le cordon ombilical, le
pain, et le vin de la complicité, le pain, le
vin, le sang des épousailles véridiques (6).

La mention de cette action est un pré-texte pour se lancer «à la recherche du temps perdu», dans cette «machine à remonter le temps» qu'est le souvenir. Et surgit devant nous l'enfance du poète, avec son cadre physique

une route bossuée... une mare de maisons pataudes...
notre maison, etc. (8),

ses joies qui sont nombreuses

Et ce ne sont pas seulement les bouches qui chan-
tent, mais les mains, mais les pieds, mais les
fesses, mais les sexes, et la créature tout entière
qui se liquéfie en sons, voix et rythme (87)

et ses peines

Au bout du petit matin... une petite maison
cruelle dont l'intransigeance affole nos fins
de mois (88).

Mais la «machine» laissée à elle-même «remonte le temps» bien au-delà de l'enfance du poète, bien au-delà du poète, et aborde le rivage historique de

cet autre petit matin d'Europe (9)

qui a vu le débarquement des colonialistes, des esclavagistes blancs dans l'Afrique ancestrale. Du coup, le poète se réveille brutalement comme d'un long sommeil et retrouve la contemporanéité du moment de son écriture, pour se projeter aussitôt, tout entier, dans un avenir rêvé qu'illustre l'emploi privilégié du conditionnel présent : révolté et saisi tout entier par une ardeur vengeresse :

Qui ne me comprendrait pas ne comprendrait pas
davantage le rugissement du tigre (10),

il prend alors une résolution : «partir», dont la seule exécution lui conférerait des pouvoirs cosmologiques grâce auxquels il «commandera» plus tard «aux îles d'exister» (89). Mais pour l'instant, c'est l'«orage», c'est le «fleuve», c'est la «tornade», c'est la «feuille», c'est l'«arbre», «toutes les pluies», «toutes les rosées», qui seront destinataires de ses ordres à la suite desquels ils surgiront du chaos cosmique, comme au commencement, les êtres et les choses de l'Univers, à la suite du commandement de Dieu. Car Dieu est Verbe, c'est-à-dire Parole, et la Parole, ici, est Poésie. Poésie de la terre natale que Césaire va retrouver après la longue nuit d'Europe et au service de laquelle il mettra sa Parole magique. Et cette Parole va conjurer, par le seul fait d'être leur interprète, les malheurs, redonner de l'espoir à ceux qui l'ont perdu

> *Ma bouche sera la bouche des malheurs qui*
> *n'ont point de bouche, ma voix, la liberté*
> *de celles qui s'affaissent au cachot du déses-*
> *poir* (11),

transformer le poète tout entier en homme agissant pour l'avènement d'un monde meilleur :

> *Et venant je me dirais à moi-même :*
> *«Et surtout mon corps aussi bien que mon âme,*
> *gardez-vous de vous croiser les bras en l'atti-*
> *tude stérile du spectateur, car la vie n'est pas*
> *un spectacle, car une mer de douleurs n'est pas*
> *un proscenium, car un homme qui crie n'est pas*
> *un ours qui danse...»* (12).

Mais la «machine à explorer l'avenir», cette machine de l'imagination et du rêve, s'écrase contre le récif de la réalité, car le présent-atif «voici» indexe l'arrivée du poète dans son «pays natal», comme un fait historique, réel :

> *Et voici que je suis venu* (12).

Et s'effondre, devant la laideur de la réalité, le château de sable de l'imagination et du rêve de Césaire, qui apparaît alors comme une illusion. Illusion de la vie qui se donne à lire plutôt comme son «absurde» contraire, et qui «clopine», comme une personne handicapée, «de petitesses en petitesses», provoquant, jusqu'aux «cendres», la combustion des espoirs que Césaire nourrissait pour son pays.

Mais de ces «cendres», de ces «ruines», de ces «affaissements», comme d'un chaos originel, surgissent la conscience de l'étroitesse des anciens rêves du poète et le désir, à peine troublé par un dernier sursaut d'élan patriotique

> *Ton dernier triomphe, corbeau tenace de la trahison* (13),

de dilater l'«horizon trop sûr» de ses préoccupations premières, même s'il faut, pour cela, consentir - à se laisser

> *diviser... de la fraternité*

qui s'offre à lire comme un ensemble d'«oasis» rafraîchissantes dans le désert de la vie. Et le poète re-con-naît son appartenance, non plus seulement à la Martinique, mais aussi à

> *l'archipel arqué comme le désir inquiet de se nier* (13)

que sont les Antilles et qui comprend, entre autres, outre l'«île non-clôture» du poète, la Guadeloupe, Haïti, la Floride, re-con-naît les liens de sang qui le lient à l'Afrique, à Bordeaux, à Nantes, à Liverpool (les villes européennes où débarquaient les esclaves ramenés d'Afrique), à New-York, à San-Francisco, à la Virginie, au Tennessee, à la

Géorgie, à l'Alabama, c'est-à-dire, en un mot, son appartenance à la race noire dont Toussaint Louverture symbolise la fougue révolutionnaire, la race noire à laquelle une origine commune, un passé commun de «souffrance» unissent le poète dans un «nous furieux» qui se découvre (74), riche soudain de toute la solidarité, de toute la fraternité raciales retrouvées. Au passage, Césaire indexe les injures du temps à la courte mémoire

> *ces pays sans stèle, ces chemins sans mémoire,*
> *ces vents sans tablettes*

ainsi que l'oralité des civilisations nègres pré-coloniales, oralité qui a pour corollaire l'éloquence, l'aptitude singulière des nègres à «manier» les mots.

Ce capital («notre bien»), le poète l'investira tout entier dans sa lutte révolutionnaire, cette arme («notre pointe en avant»), il la brandira pour en frapper, à la tête, l'imposteur Blanc, dans un combat sans merci où la «raison», occidentale, devient un «vent du soir», un vent glacé donc, qui, comme «l'ordre», fouette sauvagement celui qui s'en fait le prisonnier, c'est-à-dire le Blanc, un combat où la «beauté», nègre, est brutale comme une pierre qui se soulève et frappe au visage l'adversaire, et où le gros «rire» nègre, introduit malicieusement sur le champ de bataille, est aussi destructeur qu'un salpêtre, c'est-à-dire une poudre à canon (90).

Qu'importe alors si l'acte de se souvenir (mémoire d'une race qui, «du fond de l'esclavage, s'érige en juge» (91)) est folie, ainsi que celui de «hurler» sa colère en attendant de «voir», tout en la préparant, l'aube d'un jour nouveau où les éléments «déchaînés» engloutiront, dans une sanglante révolution, la race ignoble des tortionnaires blancs.

Qu'importe si, sous ce règne nègre «de la démence précoce, de la folie flamboyante» (souvenir de Dostoïevsky ? (92)), «2 et 2 font 5», si la forêt africaine est un chat qui «miaule» en attendant de dévorer, cannibale, les «rats blancs» qui s'y sont aventurés, bien imprudemment, si «l'arbre tire les marrons du feu» pour les jeter à la figure du fauve Blanc qui menace de bondir dans ses branches, et si «le ciel se lisse la barbe», pensif, en s'apitoyant sur le sort des aventuriers Blancs que guette une catastrophe inéluctable. Qu'importe si le poète est un magicien, doué qu'il est, tel Maldoror (93), de la faculté de se muer en arbre, en forêt, en fleuve, en pays où «l'éclair de la colère» possède une hache meurtrière qui effraie les «sangliers de la putréfaction» que sont les Blancs, si «au bout du petit matin», un soleil tuberculeux éclaire «un petit train de petites filles», c'est-à-dire une suite (90) de petites filles, qui tissent de la «mousseline», alors que des «dagues» automanipulées «(défoncent) la poitrine la terre» pour y semer, dans le «sable», ainsi obtenu, des «grains de maïs», du «pollen», qui deviendront des plantes, symboles de la renaissance nègre, dans un avenir radieux que symbolisent des colibris galopants comme des chevaux en fête.

Qu'importe si le Paradis chrétien est une mer recouverte d'«écume» qui, au jour du jugement dernier, engloutira inexorablement les «bons» et abandonnera aux délices de l'enfer terrestre, les «méchants», car le poète est un criminel invétéré, coupable, sans circonstances atténuantes :

il n'y a rien à dire pour ma défense (94),

non seulement de danses, d'idolâtrie, d'hérésie (95), de

paresse, d'obscénité, mais aussi de sorcellerie, comme le signifient (96) «les plumes de perroquet» qu'il a portées, les «dépouilles de chat musqué», «la couronne de daturas», «les serpents qu'il a charmés», «les morts» qu'il a «conjurés», «la pluie» qu'il s'est employé à «contraindre», «les raz-de-marée» qu'il a «contrariés», «l'ombre» qu'il a «empêchée de tourner», la danse qu'il a exécutée en proférant, telles des chansons, des paroles incantatoires :

> *pourquoi... ne pas **entonner** l'horrible **bond***
> *de ma laideur pahouine ? voum rooh oh...*

afin de faire

> *(revenir) le temps de promission... et la femme*
> *qui avait mille noms... et les jours sans nuisan-*
> *ce et les nuits sans offense...*

Seulement, s'il est devenu ce qu'il est, c'est parce qu'on l'a arraché à l'insouciance, au bonheur qui étaient siens, alors qu'«enfant» il (mâchait), sur une route, «une racine de canne à sucre», pour le «(traîner) sur une route sanglante, une corde au cou» (97), c'est-à-dire, pour le réduire en esclavage. Si sa voix est une voix d'écorché vif, une voix tranchante au point de blesser la gorge même de son propriétaire, c'est à cause de la «haine» qu'on lui a témoignée, de «l'insulte», des «coups de fouet» dont on l'a couvert, «cent ans» durant (66).

Et cette voix chante, de concert avec celle des autres frères de race et d'infortune,

> *les fleurs vénéneuses éclatant dans des prai-*
> *ries furibondes, les ciels d'amour coupés d'em-*

bolie ; les matins épileptiques ; le blanc em-
brasement des sables abyssaux, les descentes
d'épaves dans les nuits fondroyées d'odeurs
fauves,

c'est-à-dire une REVOLUTION de «FIN du monde». Ensuite, elle apostrophe une énigmatique «tourte» (98)
d'«automne» (Europe ?) «où poussent l'acier neuf et le
béton» (symboles de la civilisation occidentale, technicienne et mécanicienne), et où l'air (qui «se rouille en
grandes plaques d'allégresse mauvaise») et l'eau («sanieuse
-qui- balafre les grandes joues solaires») sont pollués, pour
lui signifier sa détestation ainsi qu'à tout ce qui, loin d'être
bouillonnement révolutionnaire et provocation de l'Occident, est plutôt, chez les frères de race, «scandaleuse»
lucidité, indifférence, calme, sérénité :

des madras aux reins des femmes, des anneaux à
leurs oreilles, des sourires à leurs bouches, des
enfants à leurs mamelles et j'en passe (10).

Et les mots qu'elle profère sont des mots magiques, doués,
signifiants, du pouvoir de devenir, instantanément, les
objets qu'ils signifient, c'est-à-dire «des quartiers de monde»,
«des continents en délire», «de fumantes portes», du «sang
frais»,

des raz-de-marée et des érésipèles, des paludismes
et des laves et des feux de brousse, et des flam-
bées de chair, et des flambées de villes... (67),

des mots barbares, c'est-à-dire non civilisés

je ne joue jamais si ce n'est à l'an mil,

79

des mots cruels, dénués d'humour, qui sèment, par jeu, la destruction et la mort symbolisées par «la Grande Peur» qu'elles inspirent.

Et, assurément, cette voix est celle d'un homme intransigeant :

Accomodez-vous de moi. Je ne m'accomode pas de vous !,

fantasque, qui, pour retrouver son moi enfoui sous «la membrane vitelline» de sa conscience (souvenir de Freud et des surréalistes ?),

d'un grand geste du cerveau (happe) un nuage trop rouge ou une caresse de pluie, ou un prélude du vent,

c'est-à-dire, s'abandonne au délire : pour se libérer des «grandes eaux qui (le) ceinturent» (62), ainsi que sa «mémoire» (20), «de sang», créant, chez lui, un traumatisme, une obsession, il prend place sur

la... vague (d'un) raz-de-marée,

symbole, comme nous l'avons vu plus haut, de l'explosion révolutionnaire qui est l'aboutissement d'une «angoisse» trop longtemps contenue :

c'est moi rien que moi qui prends langue avec la dernière angoisse (62).

Ici s'inscrit, avec l'essoufflement du poète :

Et maintenant un dernier zut :
... je lis bien à mon pouls que l'exotisme n'est
pas provende pour moi (67),

celui du langage, ou plus exactement, son échec à accomplir la mission que lui a confiée Césaire et qui est de lui permettre, à la manière de «(la) trompette (de) Louis Armstrong ou (du) tam-tam des fidèles du Vaudou», comme l'a justement remarqué Senghor (99), d'«atteindre, par degrés», selon le mot de Lilyan Kesteloot (100), «l'extase», c'est-à-dire «une sorte d'état second dans lequel il participera à la puissance créatrice du cosmos».

Ce constat, par Césaire, de l'échec du langage «au sortir de l'Europe toute révulsée de cris», coïncide avec la ressouvenance de l'immensité des «lagunes de sang» à franchir pour aboutir à la terre ferme de

cet égoïsme beau et qui s'aventure.

Car les crimes sont nombreux, qu'il importe de faire expier à l'Europe avant de mériter la paix de l'âme : «hideuses boucheries» des expéditions coloniales (101), abrutissement, par l'alcool

mitraille de barils de rhum,

des peuples noirs conquis, mépris des colonisés :

les nègres-sont-tous-les-mêmes, je-vous-le-dis
les vices-tous-les-vices, c'est-moi-qui-vous-le-dis
l'odeur-du-nègre, ça-fait-pousser-la-canne
rappelez-vous-le-vieux-dicton :

battre-un-nègre, c'est le nourrir (20),

dépersonnalisation :

> *Ou bien tout simplement comme on nous aime !*
> *Obscènes gaiement, très doudous de jazz*
> *sur leur excès d'ennui...*
> *Ma dignité se vautre dans les dégobillements* (21).

Or, la conjonction de coordination «mais» annonce, ou plutôt dénonce l'échec de la «voix» du poète, «vainement enrouée», à révéler à la conscience des habitants de «cette terre exorcisée» qu'est la Martinique, le caractère illusoire de leurs convictions selon lesquelles il faudrait se prosterner devant les Blancs :

> *hosannah pour le maître et pour le châtre-nègre !* (22)

parce que ceux-ci

> *sont de grands guerriers ;*

cette voix n'est même pas parvenue à inquiéter tout simplement cette conscience

> *il n'y a que les fientes accumulées de nos mensonges*
> *- et qui ne répondent pas* (21).

Dès lors, sous l'effet d'un désespoir qui saisit le poète et s'offre à lire comme une «inattendue et bienfaisante révolution intérieure», apparaissent tous les rêves antérieurs de celui-ci comme une «folie», alors que s'approprient toutes les apparences de la norme, «la bassesse», ainsi que toutes «les laideurs repoussantes» (22) de la terre natale. Au

nombre de celles-ci, un trafic de chevaux (102) que le temps
(«dès que tombent les premières ombres», c'est-à-dire la
nuit) et le lieu

> la rue «DE PROFUNDIS», dont le nom a du moins
> la franchise d'avertir d'une ruée des bas-fonds
> de la Mort

dé-signent comme louche.

Et, de fait, ces

> rosses impétueuses (qui) «de la Mort..., de ses
> mille mesquines formes locales (fringales inas-
> souvies d'herbe de Para et rond asservissement
> des distilleries), - surgissent - vers la grand-
> vie déclose,

ne sont-elles pas les symboles allégoriques des vices trafi-
quables, parmi lesquels, la prostitution :

> Et le malin compère... refile au lieu de pleines ma-
> melles, d'ardeurs juvéniles, de rotondités authen-
> tiques..., les boursouflures régulières de guêpes
> complaisantes» (58),

l'ivrognerie :

> ou les obscènes morsures du gin-gembre ?

Mais par un dernier sursaut de sa conscience, le poète
«refuse» de sombrer dans un narcissisme trompeur qui le
conduirait à se «donner (ses) boursouflures comme d'authentiques gloires», et s'oblige à considérer lucidement les

véritables raisons du «défaitisme» de son peuple. Et il doit admettre, humblement, que, coupé de ses racines africaines, depuis plusieurs siècles, le peuple martiniquais a perdu jusqu'à la mémoire de ces origines, qui lui aurait permis de se reconnaître dans les «amazones du roi du Dahomey», les «princes de Ghana avec huit cents chameaux», les «docteurs (de) Tombouctou Askia le Grand étant roi», les «architectes de Djenné», les «Mahdis», les «guerriers», symboles des sociétés africaines pré-coloniales, «civilisées jusqu'à la moelle», selon l'heureuse expression de Léo Frobénius (103), donc, n'ayant rien à envier aux sociétés occidentales quant à leur civilisation, et braves.

Or, aussi loin que remontent les souvenirs des Martiniquais, ils ne voient d'eux-mêmes que des images

> *d'assez piètres laveurs de vaisselle, (de) cireurs de chaussures sans envergure..., d'assez consciencieux sorciers,*

et d'esclaves :

> *... et le seul indiscutable record que nous ayons battu est celui d'endurance à la chicotte...* (104)

Ici, monte le ton, insensiblement, et la conjonction de coordination «et» indexe l'indignation croissante du poète, avec le pronom personnel «nous» qui perd sa fonction de sujet (et devient l'objet qui subit l'action exprimée par les verbes) au profit du groupe nominal «ce pays» repris plus loin par le pronom indéfini «on» et qui dé-signe la France.

Car les actions exercées par ce nouveau sujet sont, soit l'expression du mépris professé pour les nègres :

Et ce pays cria pendant des siècles que nous sommes
des bêtes brutes ; que les pulsations de l'humanité
s'arrêtent aux portes de la négrerie ; que nous som-
mes un fumier ambulant hideusement prometteur de
cannes tendres et de coton soyeux,

soit des traitements humiliants, déshumanisants, à ceux-ci
infligés

> *et l'on nous marquait au fer rouge et nous dormions*
> *dans nos excréments et l'on nous vendait sur les places.*

Mais le pronom personnel «nous» reprend bientôt sa
fonction de sujet, dans des propositions elliptiques du verbe
«sommes» qui traduisent d'autant plus brutalement la révolte contenue du poète :

Nous vomissure de négrier
Nous vénerie des Calabars…
Nous soûlés à crever le roulis, de risées,
de brume humée !

Puis s'ensuit une courte énumération des «malédictions
enchaînées» dont la vertu rythmique est de raviver la chaleur
émotionnelle (du poète et de son lecteur) qui retombe
aussitôt, cependant, à la constatation soudain très lasse
(«Ainsi soit-il. Ainsi soit-il») de l'absence, dans toute
l'histoire de la Martinique, d'un élément propre à

> *insurger (les Martiniquais) vers quelque noble*
> *aventure désespérée* (105).

Dès lors, le poète peut se permettre, expliquant le

destin des nègres martiniquais (sans réelle patrie) qui consiste, simplement, à servir, trahir, et mourir, d'emprunter le langage des esclavagistes blancs, et de dire las et résigné :

C'était écrit dans la forme de leur bassin.

Au passage, parlant du «craniomètre» qu'il «défie», il ironise, comme l'a justement remarqué Dieudonné Atangana Enyegue (106), la craniologie classant les nègres parmi les dolichocéphales (crâne long), donc parmi les humains.

Ensuite, intervient à nouveau la conjonction de coordination «et» qui indexe, cette fois-ci, le «moi» du sujet scripteur comme accusé dans le procès par lui-même intenté à «la lâcheté» :

Et moi, et moi
moi qui chantais le poing dur
Il faut savoir jusqu'où je poussai la lâcheté (105).

S'ensuit alors la relation d'un événement en deux temps :

Tout d'abord, la présence, «un soir, dans un tramway, en face» du poète, d'un grand nègre caricatural, défiguré, enlaidi par la misère au point d'en devenir tragiquement comique. Et le poète qui ne put s'empêcher d'arborer, en réponse aux femmes derrière lui qui ricanaient, «un grand sourire complice» (26).

Reconnu coupable d'héroïsme-farce, c'est-à-dire de lâcheté, il se condamne alors (justification à posteriori des atrocités coloniales : «je salue les trois siècles qui soutiennent mes droits civiques et mon sang minimisé»), à recevoir «la louange éclatante du crachat», désespérant maintenant, compte tenu justement de cette lâcheté du peuple dans lequel il se reconnaît à présent, entièrement, de voir un jour s'opérer la révolution qu'il espérait et qui aurait rendu son peuple à la dignité :

> *Alors, nous étant tels, à nous l'élan viril,*
> *le genou vainqueur, les plaines à grosses mottes*
> *à l'avenir ?*

Mieux, ce rêve révolutionnaire :

> *Les balles dans la bouche salive épaisse*
> *notre coeur de quotidienne bassesse éclate...*
> *et ce peuple vaillance rebondissante...* (38),

qui se donne à lire plutôt comme un «généreux délire», n'est plus qu'un «rêve ancien», un rêve défunt, une «étoile plus morte qu'un balafon crevé» (6) que symbolise ici le menfenil funèbre.

Et, au-delà de ce découragement et l'alimentant, la conscience obsédante, douloureuse, étonnée, de la «vanité» des idéaux révolutionnaires qu'il professait et qui sont maintenant devenus des

> *maximes sacrées foulées aux pieds, (des) décla-*
> *mations pédantesques rendant du vent par chaque*
> *blessure,*

alors que l'âme du poète, dé-nudée,

> *se (mue) en l'ancestral bourbier*

fait de «chaleur et de peur», de «tremblement», de «sang docile» et de «trahison tabide» (36), ainsi que de tout ce qui peut s'hériter d'ancêtres bornés, repliés sur eux-mêmes - pour ne pas avoir «inventé la boussole..., dompté la vapeur (et) l'électricité», qui leur auraient permis d'«(explorer) les mers (et) le ciel» et de s'ouvrir ainsi au monde -, mal-traités, déracinés (au double point de vue physique et culturel), mis à genoux, domestiqués, christianisés, abâtardis, pour ne pas avoir inventé «la poudre», symbole de la puissance et du génie militaires.

Cependant, malgré cet héritage de («richesses pérégrines» données à lire comme des) «faussetés authentiques», la conjonction de coordination «mais» introduit un motif d'orgueil qui redonne au poète sa fougue révolutionnaire, laquelle lui fait interpeller «le colibri» (107) et «les ovaires de l'eau où le futur agite ses petites têtes», symboles d'une renaissance de la race noire, «l'épervier (108)..., le bris (109) de l'horizon..., de dauphins une insurrection perlière brisant la coquille de la mer..., la disparition des jours de chair morte dans la chaux vive des rapaces..., les loups qui pâturent dans les orifices sauvages du corps...», symboles de l'explosion révolutionnaire, pour leur intimer l'ordre de «venir».

Ce motif d'orgueil qui opère une relance de l'écriture, c'est la présence «sous la pierre grise du jour», c'est-à-dire dans la nuit du ventre maternel, des yeux de son «enfant» (à qui le poète dit «tu») qui «pétillent de mille feux» (d'espoir) comme «un conglomérat frémissant de coccinelles».

Ces feux sont doués de la faculté de faire «renaître» l'espoir, donné à lire comme une «hirondelle de menthe et de genêt», mort «dans le regard du désordre», c'est-à-dire, au contact de la réalité...

Et, assurément, il doit y avoir, dans le regard innocent d'un enfant, quelque chose qui tient d'un «raz-de-marée» et qui galvanise les énergies révolutionnaires, puisqu'à la seule pensée de ce regard, les mots, dans la gorge du poète, de-viennent des sangliers :

Il y a sous la réserve de ma luette (110) *une*
bauge de sangliers (28).

Mais un enfant a aussi besoin d'être protégé, d'être rassuré, dans les moments, fréquents, d'incertitude, où «la carte du printemps» (meilleure saison de l'année) est effacée pour être «refaite».

Et c'est à la «parole» du poète qu'incombe cette tâche de bercement.

Et cette parole de prophétiser l'avènement d'une ère de prospérité où «les herbes», promesse de vie («vaisseau doux de l'espoir») s'offriront à la faim du bétail, dans un balancement qui remplira celui-ci d'un bonheur enivrant comme l'«alcool» ; et cette prospérité va trouer, comme une «bague» de diamant, l'ombre des jours «de famines, de peurs tapies dans les ravins, de peurs juchées dans les arbres, de peurs creusées dans le sol, de peurs en dérive dans le ciel, de peurs amoncelées et (des) fumerolles d'angoisse» :

les étoiles du chaton de leur bague jamais vue
couperont les tuyaux de l'orgue de verre du soir (29) ;

elle sera le couronnement des efforts déployés par le poète pour l'avènement d'un monde meilleur :

> *les herbes... répandront sur l'extrémité riche*
> *de ma fatigue*
> *des zinnias* (111)
> *des coryanthes.*

Ici s'inscrit le miracle, la «lumière amicale» (attente de l'enfant ? : «ô fraîche source de la lumière») qui se projette sur les nègres désignés par leur non-technicité, et révèle d'eux une caractéristique qu'on ne leur avait jamais reconnue, auparavant, à savoir, le fait d'être un «silo où se préserve et mûrit...

> *pour la faim universelle*
> *pour la soif universelle»*,

tout ce qui est naturel, c'est-à-dire tout ce qui fait partie de la nature, est conforme à la nature, antérieur à toute civilisation. Et s'ensuit une double définition de la «négritude», cet «être-dans-le-monde du nègre», pour reprendre un terme heideggerien utilisé par Sartre (112), d'abord, par ce qu'elle n'est pas, et, ensuite, par ce qu'elle est.

Et les objets qui représentent la non-négritude sont : «une pierre», symbole, non d'immobilisme et d'inactivité, comme l'a cru Dieudonné Atangana Enyegue (113), puisque «sa surdité (est) ruée contre la clameur du jour», mais d'agressivité gratuite et stérile ; «une taie d'eau morte», «une tour», «une cathédrale», symboles respectifs, comme l'a justement remarqué, cette fois-ci, Atangana, de stagnation (taie d'eau), d'isolationnisme et de particularisme (tour), et de fanatisme dogmatique (cathédrale). La négritude, symbolisée par le «Kaïlcédrat royal», arbre fétiche, apparaît donc, ici, «comme un acte beaucoup plus que comme une disposition (114)» (car, arbre, «elle **plonge**», avec ses racines, «dans la chair du sol» ; «elle **plonge**», avec ses branches et ses feuilles, «dans la chair ardente du ciel»), et cet acte consiste pour les Nègres, non à «transformer le monde», idéal éminemment marxiste, mais, tout simplement, à «exister au milieu du monde», patiemment, en étroite communion avec les forces de la nature, semblables, en cela, aux premiers hommes de la terre :

véritablement les fils aînés du monde,

et par opposition au «monde blanc» lassé par son «effort» technique (souvenir des Surréalistes et de leur croisade contre la civilisation occidentale ?) donné à lire comme des «étoiles dures», des «raideurs d'acier bleu», au «monde blanc» dont les victoires sont plutôt des défaites parce que consécutives à des actes de haute trahison (115) occasionnés par la faiblesse notoire de l'Occident.

(Et les «alibis grandioses» traduisent le «piètre trébuchement» de l'Europe colonialiste, «impuissante, déférée à la barre de la «raison» comme à la barre de la conscience, à se justifier» (116).) C'est pourquoi, par un paradoxe semblable à celui de Nietzsche qui voulait qu'entre un donateur et un receveur, le donateur ait à remercier le receveur «d'avoir consenti à prendre» (117), Césaire, à cause de leur «naïveté», *plaint «nos vainqueurs»* qui croient tout savoir, mais dont la «science» n'est qu'«une prolifération de la surface» (118), alors que «la négritude, au contraire, est une compréhension par sympathie» (119), alors que la «raison» du Nègre, qui n'est ni «discursive», ni «antagoniste», est plutôt, selon le mot de Senghor (120), «synthétique et sympathique, intuitive par participation, un autre mode de connaissance» :

Pitié pour nos vainqueurs omniscients et naïfs (35).

Puis le poète se tourne vers son «coeur» (40), auquel il adresse, après s'être recueilli :

que je n'entende ni les rires ni les cris (35),

sa «prière virile…, les yeux fixés sur cette ville», symbole de la race noire promise à un avenir radieux.

Et cette prière n'est autre chose que la formulation de son voeu d'avoir «la foi sauvage du sorcier», pour conjurer le sort injurieux du «peuple» noir, d'obtenir pour ses «mains puissance de modeler» - à partir du matériau que constitue son peuple lâche et résigné, un peuple fier, épris de liberté et de justice -, pour son «âme la trempe de l'épée» - afin qu'elle puisse résister aux assauts répétés de la couardise, du découragement, de la lâcheté -, pour lui-même, le privilège d'être le «leader» (le chef) de son peuple :

Faites de ma tête une tête de proue (35),

un leader aussi aimant et attentionné qu'un «père», un «frère» et un «fils» unique, et un «amant», un leader attaché aux principes de démocratie, véritable «exécuteur» de la volonté populaire :

Faites-moi rebelle à toute vanité, mais docile
à son génie
comme le poing à l'allongée du bras !
… faites-moi dépositaire de son ressentiment
faites de moi un homme de terminaison (40),

conscient de ses responsabilités :

Faites-moi commissaire de son sang,

réfléchi :

Faites de moi un homme de recueillement,

capable de semer, dans le coeur de son peuple, le goût de la liberté, doublé de la conscience aiguë des nécessités de la reconstruction nationale :

Faites de moi un homme d'initiation
… mais faites aussi de moi un homme
d'ensemencement.

Cependant, la conjonction de coordination «mais» introduit la limite, aux confins de la «haine pour (l') homme de haine», des transformations visées, indexant ainsi, du coup, le modèle rejeté (celui de l'«homme de haine» qu'est le Blanc), ce qui justifie, à priori, l'assertion de Sartre :

ce racisme antiraciste

(occasionné, non par la «haine des autres races», mais par un «amour tyrannique» (42) pour la race nègre, seul témoin de «l'injure cosmique» (121)) *«est le seul chemin qui puisse mener à l'abolition des différences de race»* (68), dans une ère de civilisation où, au «rendez-vous du donner et du recevoir», chaque race apportera,

pour la faim universelle
pour la soif universelle,

le fruit qu'elle aura produit, symbole de l'originalité culturelle.

En outre, le poète invite son coeur (ce qui traduit son aspiration profonde) à être «l'arbre de nos mains» (qui a dû, pour produire ses fruits donnés à lire comme une «griserie vers les branches de précipitation parfumée», endurer «les blessures incises en son tronc»), symbole du labeur qui précède la moisson, de l'âpre lutte qui précède la victoire.

Et les fruits de l'arbre, qui s'offrent à lire, également, comme de «futurs vergers» entourés de «leur ceinture de mer» et comme «le sol», c'est-à-dire la terre ferme, symbolisent l'ère de prospérité qui suivra le grand effort de libération et de reconstruction donné à lire comme la traversée de «la mer démontée» de la domination présente (122), laquelle traversée nécessite, chez «la fière pirogue» (ici, le révolutionnaire), certaines qualités dont «l'obstination», la «vigueur», que le poète formule le voeu d'acquérir, ainsi que «les muscles» et «l'allégresse convaincante du lambis (?) de la bonne nouvelle» (123). Et puisqu'il s'agit ici d'une «prière», ces requêtes à son coeur présentées s'accompagnent d'une humilité (45) de mise chez toute personne qui se présente devant Dieu pour le prier, ainsi que, «dans le coeur» du poète où s'est éteinte la flamme de la colère et, apparemment, de la révolte, d'un «amour immense» pour l'homme, «et qui brûle». Cette humilité se traduit ici par l'acceptation de sa race impure (laquelle s'oppose à l'aliénation qui pousse certains nègres à se considérer comme étrangers à cette race et à appeler leurs congénères, à l'occasion, «sales nègres» !) :

> *ma race qu'aucune ablution d'hypsope*
> *et de lys mêlés ne pourrait purifier*
> *ma race rongée de macules*

... ma reine des crachats et des lèpres
ma reine des... scrofules
ma reine des squasmes et des chloasmes,

et de l'histoire injurieuse de cette race réduite en esclavage :

ma reine des fouets
... et le nègre fustigé qui dit : «Pardon
mon maître...»
et la fleur de lys (le sang) qui flue du
fer rouge sur le gras de mon épaule... (124),

histoire symbolisée par celle des Antilles, jalonnée de noms
de tyrans («Monsieur Vaultier Mayencourt», «Monsieur
Brafin», «Monsieur de Fourniol», «Monsieur de la Mahau-
dière»), et de victimes (Siméon Piquine, Grandvorka, Michel «Déveine»). L'évocation des défuntes victimes de la
domination blanche débouche sur celle des victimes vivan-
tes (Exélie Vêté Congolo Lemké Boussolongo), ce qui
provoque la sollicitude du poète :

quel guérisseur de ses lèvres épaisses
sucerait tout au fond de la plaie béante
le tenace secret du venin ?
quel précautionneux sorcier déferait à vos
chevilles la tiédeur visqueuse des mortels
anneaux ?

ainsi que la quasi remise en question de sa détermination de
bannir de son cœur la colère :

Présences je ne ferai pas avec le monde
ma paix sur votre dos.

Mais ce moment de rébellion est bref, et le poète accepte, à nouveau, ses «îles» bien aimées (dans l'espoir, toutefois, qu'elles prendront bientôt la «forme» dont il rêve, réunies, à la fois physiquement et moralement, dans une lutte commune de libération : «votre fin», c'est-à-dire votre objectif, «mon défi» (47)), son «destin de noir», son pays.

Alors survient l'exaucement, sous la forme de la «force» et de la «vie» symbolisées par «un taureau», qui «assaillent» le poète :

> *Et voilà toutes les veines et veinules...*
> *et le gigantesque pouls sismique*
> *qui bat maintenant la mesure d'un*
> *corps vivant en mon ferme-embrasement* (125),

et ses frères antillais et nègres :

> *Et nous sommes debout maintenant,*
> *mon pays et moi...* (50),

ainsi que la nature antillaise elle-même :

> *et l'onde de vie circonvient*
> *la papille du morne* (49).

Alors survient la claire conscience, désaliénante (donnée à lire comme «une voix, au-dessus de nous, qui vrille la nuit et l'audience»), des mensonges de l'Europe qui a prétendu, «pendant des siècles», que les nègres sont des parasites, n'ayant rien inventé, alors que l'Europe aurait porté la science et le savoir à leur plus haut degré de perfection.

Car, ne serait-ce que par leur lutte de libération

politique et culturelle, les Nègres enrichissent le patrimoine (d'orgueil et de liberté) de l'humanité :

> *et il reste à l'homme à conquérir toute*
> *interdiction immobilisée aux coins*
> *de sa ferveur* (50),

au contraire de l'Europe, malgré ses «principes», car elle «ruse» (116) avec ceux-ci et les vide, de ce fait, de toute leur substance, se condamnant elle-même, sans appel, se laissant condamner par la sentence définitive d'Abraham Lincoln : *«as I would not be a slave, so I would not be a master : this expresses my idea of a democracy ; whatever differs from this, to the extent of the difference, is no democracy».*

Car les Nègres, qui ne sont aucunement inférieurs aux Blancs :

> *aucune race ne possède le monopole*
> *de la beauté, de l'intelligence, de*
> *la force* (50),

peuvent également contribuer au développement de la science et du savoir humains :

> *et il est place pour tous au*
> *rendez-vous de la conquête,* (126)

ne serait-ce que par leurs pouvoirs magiques :

> *toute étoile chute de ciel en*
> *terre à notre commandement sans limite.*

Ici s'inscrit une «ordalie» (127), le mythe de la «lance de nuit» des «ancêtres Bambaras», qui symbolise le «pays» du poète, lequel, pour vivre et s'épanouir, a besoin de sacrifice humain. Et sera l'objet de ce sacrifice métaphysique, le coeur de tous les compatriotes de Césaire (et, par suite, de tous les Nègres) possédant des «plaies», marqués par «la bassesse», aliénés culturels (qui brûlent de l'envie, sinon de se blanchir et se débarrasser de la couleur noire de leur peau, couleur présumée du «diable», ainsi que de leur culture - «le maquereau nègre, l'askari nègre, et tous zèbres se secouent à leur manière pour faire tomber leurs zébrures en une rosée de lait frais» (54) - , du moins de se faire admettre par le Blanc, comme civilisés, en se mettant à sa remorque, en le singeant), le coeur du grand-père du poète (qui meurt), des Nègres de la «vieille négritude» à qui on avait enseigné le fatalisme, l'obéissance, la résignation donnée à lire comme la non-rébellion représentée par trois points de suspension :

> *Et on lui jetait des pierres des bouts*
> *de ferraille, des tessons de bouteille,*
> *mais ni ces pierres, ni cette ferraille,*
> *ni ces bouteilles... O quiètes années*
> *de Dieu sur cette motte terraquée* (128).

Alors survient le Miracle, l'apocalyptique Révolution nègre caractérisée par le soulèvement des esclaves nègres symbolisés par un «affreux ténia» rongeur dans le «ventre (du) négrier», lesquels prennent d'assaut tout le navire dont ils occupent «la cale», «les cabines», «le pont», au mépris des intempéries («le vent», «le soleil») et de la farouche résistance des anciens maîtres :

> *La négraille... retrouve dans son*
> *sang répandu le goût amer de la*
> *liberté*

Et elle est debout… dans le sang (55).

Désormais libres de leurs personnes, ils se sont rendus également maîtres de leur destinée donnée à lire ici comme le gouvernement du navire qui les porte:

> *debout et non point pauvre folle*
> *dans sa liberté…*
> *debout dans les cordages*
> *debout à la barre*
> *debout à la boussole*
> *debout à la carte*
> *debout sous les étoiles* (129).

Cette image du «signe (des temps !)», également empruntée au temps (passé, puisque la France a aboli l'esclavage en 1794 (130), traduit le caractère historiquement ambigu de l'écriture du *Cahier*, faite d'une projection de l'avenir rêvé, mythique, sur un passé qui fut et s'est enfui : seul est rejeté, en définitive, le présent, insupportable, au contraire du surréalisme qui, lui, prônait, après le dadaïsme, l'abolition du passé, l'abolition du futur, et le règne de l'instant (présent) ! Mais le poète abandonne à nouveau le passé, pour se projeter dans un avenir postérieur au moment du soulèvement révolutionnaire susvisé, un avenir indexé par l'adverbe «maintenant», **faussement** contemporain du moment de l'écriture.

Et dans cet avenir, le poète interpelle les éléments de la nature, symboles de révolution :

> *… la mer cliquetante de midi*
> *… le soleil bourgeonnant de minuit*
> *… l'épervier qui tient les clefs de*

> l'orient
> ... le jour désarmé
> ... le jet de pierre de la pluie
> ... (le) squale qui veille sur l'occident
> ... (le) chien blanc du nord, (le)
> serpent noir du midi... (57)

pour leur sign-ifier son désir de voir le pourrissement de «nos flocs d'ignominie», donné à lire également comme la «(traversée) d'une mer», symbole de désemprisonnement, l'«(assassinat d') un vieillard», symbole d'abolition du passé et de la raison caractérisant la sagesse des vieux, la «(délivrance d') un fou», symbole de destruction de la «raison» cartésienne, laquelle est un facteur d'aliénation, un frein au rêve, au délire, donc, à la liberté. Et dans cet avenir rêvé, le poète, qui assume entièrement sa personnalité :

> Le maître des rires ?
> Le maître du silence formidable ?
> Le maître de l'espoir et du désespoir ?
> Le maître de la paresse ? Le maître
> des danses ?
> C'est moi !,

libéré enfin de la honte, du complexe d'infériorité, s'adonne à ses

> «danses de mauvais nègres» :
> la danse brise-carcan,
> la danse saute-prison
> la danse il-est-beau-et-bon-
> et-légitime-d'être-nègre,

symboles du refus de toute domination.

Puis s'ensuit l'invocation du vent, symbole de purification, auquel le poète s'offre, corps et âme

mes doigts mesurés
… ma conscience et son rythme de chair,

afin que soient intensifiés «les feux (de révolte) où brasille (sa) faiblesse», brisé, son «chain-gang» (c'est-à-dire sa chaîne de forçat), asséché, «le marais» de son indignité, répercutées, ses «paroles abruptes», afin qu'il soit lié, par une «fraternité âpre», aux Nègres du monde entier :

et t'enroulant embrasse-moi d'un
plus vaste frisson
embrasse-moi jusqu'au nous furieux
embrasse, - embrasse NOUS (56),

ainsi qu'à l'humanité tout entière :

lie ma noire vibration au nombril
même du monde,

et qu'ensuite, avec celle-ci et le vent, il puisse décoller de la réalité pour des horizons meilleurs.

Au total, parti de sa prise de conscience des réalités dégradantes de son «pays natal» et de l'humanité noire, doublée de la volonté (plusieurs fois contrariée par le découragement, le dégoût pour la pourriture que représentent les Antilles et les Antillais), d'apporter un changement radical à ces réalités, Césaire est parvenu, au terme de son livre, à une libération (onirique, certes, mais une libération quand même) du Nègre, en particulier, et de l'homme, en général, justifiant ainsi l'assertion de Breton :

«la poésie de Césaire, comme toute grande poésie et tout grand art, vaut au plus haut point par le pouvoir de transmutation, qu'elle met en oeuvre et qui consiste, à partir des matériaux les plus déconsidérés, parmi lesquels il faut compter les laideurs et les servitudes mêmes, à produire on sait assez que ce n'est plus l'or la pierre philosophale mais bien la liberté» (131).

Il faudrait ajouter les lapsus calami et les errata qui, s'ils ne sont pas rectifiés spontanément par la conscience du lecteur («des lagunes», au lieu de «les lagunes» (20), «plus cher», au lieu de «moins cher» (104), «vent», au lieu de «veut» (56), «vienne la disparition» au lieu de «vienne de la disparition» (28), provoquent chez lui un malaise indéfinissable, démontrant ainsi, par l'absurde, malgré son désordre apparent hérité des surréalistes, la cohérence de l'écriture de Césaire, «maître magnifique», comme l'a justement remarqué Senghor (132), «de sa langue» !

Ouvert sur des «t» (dentales) qui b-outent hors du p-etit m-atin une p-unaise de m-oinillon (labiales) pour se laisser bercer par les «s» (sifflantes), lesquels, nourri-ss-ant le vent et déla-ç-ant les mon-s-tres, témoignent des civilisations nègres d'avant le désa-s-tre colonial, le poème s'achève, une fois les «p» expulsés pour la plupart, sur les «t» (close concordance !) qui, liés à jamais aux «s» par des l-iens de sang (liquides), montent avec ceux-ci, tels des colombes, montent, dans le grand ciel bleu de la liberté retrouvée !

CHAPITRE 7

LES LIMITES DE LA REVOLUTION CESAIRIENNE

Ce que Senghor dit, tout le monde
le dit... ce qui est frappant, c'est
la correspondance des termes avec
le discours mystifié et mystificateur
du néo-racisme auquel tout le
monde grâce à lui mord.
Stanislas Adotevi (133)

Depuis Marcien Towa (134) et Stanislas Adotevi (135),
plusieurs critiques ont été formulées sur le Mouvement
littéraire de la «Négritude» et ses auteurs. Toutes, cependant, épargnent, dans une certaine mesure, Césaire, Da-
mas, Roumain, etc., et s'acharnent sur Senghor dont elles
dénoncent la «servitude», peut-être parce que celui-ci «never
grew up» (136) depuis la naissance de la «Négritude», et
s'entête, comme l'a justement remarqué Stanislas Spero K.
Adotevi, «à tenir aux nègres un langage qui n'est pas le leur»
(137) (alors qu'un Aimé Césaire, par contre, a proclamé tout
haut, depuis le 8 décembre 1971 au moins (138), son «refus
absolu d'une espèce de pan-négrisme, idyllique à force de
confusionnisme» ainsi que de toute «idéologie justifica.

103

trice»)

Mieux, pour faire la part des choses, elles insistent sur les «différences structurelles» qui existent entre la négritude de Césaire (lequel est considéré par tous comme un «prophète de la révolution des peuples noirs» (139), à l'exception, toutefois, de Stanislas Adotevi qui condamne tout le Mouvement ; cependant, concernant les insuffisances théoriques, lui aussi n'a pensé qu'au «cas Senghor»), et celle de Senghor que Towa découvre singulière et qu'il nomme «senghorisme» (140). Pourtant, à y regarder de près, plusieurs des théories communément reprochées à Senghor trouvent leur fondement dans certaines affirmations du *Cahier d'un retour au pays natal* (141), où Césaire donne une définition de sa Négritude. Lorsque, par exemple, Césaire, pour justifier le retard technique des nègres, se prévaut du fait qu'ils soient un «silo où se préserve et mûrit ce que la terre a de plus terre», il annonce déjà Senghor qui écrira, plus tard : «On l'a dit souvent, le Nègre est l'homme de la nature. Il vit traditionnellement de la terre et avec la terre, dans et par le cosmos» (142). Or, comme l'a justement montré Adotevi, traduisant la pensée de Marx, «développement et progrès, participent de la transparence de l'oeuvre humaine, ce sont des catégories opératoires qui introduisent par le travail et singulièrement le travail industriel, une distance entre l'homme et la nature» (143).

On ne peut dire en termes plus clairs que la Négritude(et pas seulement celle de Senghor, mais aussi, comme nous venons de le montrer, celle du *Cahier d'un retour au pays natal* !) est un frein au développement et au progrès des peuples noirs.

Participe également de l'idée du Nègre-Nature, cet

«être-dans-le-monde du Nègre» donné à lire dans ces vers qui décrivent l'existence végétale du Nègre:

elle plonge dans la chair rouge du sol
elle plonge dans la chair ardente du ciel
elle troue l'accablement opaque de sa
droite patience.

Or, la nature, comme l'écrivait Baudelaire, «n'enseigne rien ou presque rien... elle contraint l'homme à dormir, à boire, à manger, et à se garantir tant bien que mal, contre les hostilités de l'atmosphère» (144).

En outre, quelle différence y a-t-il entre ce passage du *Cahier* :

mais ils s'abandonnent, saisis, à
l'essence de toute chose
ignorants des surfaces mais saisis
par le mouvement de toute chose
insoucieux de dompter, mais jouant
le jeu du monde
véritablement les fils aînés du monde
poreux à tous les souffles du monde
aire fraternelle de tous les souffles du
monde
lit sans drain de toutes les eaux du monde
étincelle du feu sacré du monde
chair de la chair du monde palpitant
du mouvement même du monde,

et l'idée senghorienne de la «participation», amendement de la célèbre sentence héritée de Lévy-Bruhl (145) :

«l'émotion est nègre comme la raison est hellène»(146) ?

105

Lisons plutôt :

... le Nègre... est un sensuel, un
être aux sens ouverts, sans intermédiaire
entre le sujet et l'objet, sujet et
objet à la fois. Il est d'abord sons,
odeurs, rythmes, formes et couleurs ;
je dis tact avant que d'être oeil,
comme le Blanc européen.
Il sent plus qu'il ne voit : il se
sent. C'est en lui-même, dans sa
chair, qu'il reçoit et ressent les
radiations qu'émet tout existant -
objet. Ebranlé, il répond à l'appel et
s'abandonne, allant du sujet à l'objet
du moi au toi, sur les ondes de l'Autre.
Il meurt à soi pour renaître dans l'Autre.
Ce qui est la meilleure façon de le connaître...
C'est dire que le Nègre, traditionnellement,
n'est pas dénué de raison comme on a voulu
me le faire dire. Mais sa raison n'est pas
discursive ; elle est synthétique.
Elle n'est pas antagoniste ; elle est
sympathique. C'est un autre mode de
connaissance. La raison nègre n'appauvrit
pas les choses, elle ne les moule pas en
des schèmes rigides, en éliminant les sucs
et les sèves ; elle se coule dans les artères
des choses, elle en épouse tous les contours
pour se loger au coeur vivant du réel.
La raison blanche est analytique par
utilisation, la raison nègre, intuitive

par participation (147).

Or donc, «la participation dont on nous rebat les oreilles», écrit Adotevi en se référant à Heidegger, «n'est autre que cette solidarité des êtres et des choses et qui est une réponse hallucinatoire à la résistance d'un monde où la modicité des moyens de production empêche encore de réveiller les forces endormies au sein de la nature» (148).

L'on comprend, dès lors, aisément, le caractère transitoire des sociétés nègres non techniciennes, ainsi que la gratuité de la condamnation, par Césaire, du «monde blanc» technicien et industrialisé, laquelle condamnation, si elle devait être prise à la lettre, sign-ifierait le refus par Césaire, pour le monde nègre, de la technicité, donc du progrès !

Une autre insuffisance de la révolution césairienne tient à la nature même du *Cahier* qui est poésie, c'est-à-dire, verbe, c'est-à-dire rêve. Contre l'arrogance indicible de l'Europe colonialiste et esclavagiste, on aurait voulu la violence d'une révolution sanglante, comme celles d'Algérie, du Viet-nam, de l'Angola, du Mozambique, du Zimbabwé, de l'Azanie, de la Guinée Bissau, des Iles du Cap Vert, de la Namibie, etc.
Mais on ne trouvera dans le *Cahier d'un retour au pays natal* qu'un discours sur cette révolution et, fait plus grave encore, une illusion de révolution (149) !

Ceci traduit le caractère factice de l'écriture césairienne du *Cahier*, ainsi que l'inanité tragique de toute écriture poétique qui se proposerait pour objet la révolution.

«La réalité», écrit encore Adotevi, «celle qui appelait la restructuration du monde, est en effet affaire de révolution et non de bouillonnement cosmique. C'était à la révolution… qu'il fallait s'atteler. Hier comme aujourd'hui et non à polir des vers» (150).

Cependant, ces constatations faites, compte tenu de la nature même du genre littéraire qu'on appelle poésie et qui est le produit d'une subjectivité, laquelle fait du «poème», selon le mot de Marcien Towa, «un chant qui jaillit au point de rencontre d'une sensibilité et d'une situation historique» (151), il est aisé, voire nécessaire de réhabiliter le *Cahier d'un retour au pays natal*. Il suffit, pour cela, de le replacer dans son contexte socio-historique et de se souvenir que la revendication pour la race noire, par Césaire, de la non-technicité ainsi que de la raison non discursive, en 1939, était la simple légitimation d'une situation de fait. Et puisque cette situation de fait était cause du mépris que les Européens professaient pour les Nègres, l'attitude de Césaire était, à moins d'opter pour le complexe d'infériorité dénoncé par Fanon (152), la seule qu'il fallait adopter, sans que cela constitue, pour les nègres, une option raisonnée, objective, définitive. «Au cours de cette phase historique dominée par l'intention démonstrative», note avec quelque humour Ebénézer Njoh-Mouelle (153), «on comprend aisément la tendance à idéaliser… (la) femme noire, les masques noirs, l'organisation politique noire, bref toutes les valeurs produites par la société noire, (lesquelles) se voyaient affectées d'un coefficient de positivité égal à l'infini. Le militantisme frénétique de ces années d'un combat précis explique ce que les ténors de ce mouvement eux-mêmes considèrent aujourd'hui comme des excès inévitables alors. Les Africains prenaient systématiquement le contrepied des postulations coloniales. C'est dans cette même foulée que, préoccupés de renverser un certain symbolisme, des Africains ont imaginé un Jésus-Christ noir et des anges noirs.

Pour se guérir d'un premier traumatisme, il a fallu se soumettre à un contre-traumatisme ou à un traumatisme à rebours».

Il faudrait ajouter à cela l'influence de la révolution surréaliste des années 20. Partis en guerre contre la société française, bourgeoise, technicienne et industrielle, les sur-réalistes avaient renversé systématiquement les tables de toutes les valeurs prisées par l'Occident, dont celles de la morale chrétienne, de la raison discursive, de la science, de la technique. Dès lors, furent intronisés la déraison, la pensée pré-logique, tout ce qui est «primitif», c'est-à-dire antérieur ou étranger à la civilisation occidentale, l'enfance, comme âge d'or de l'homme (la période pendant laquelle l'homme n'a, pour ainsi dire, pas de passé, pas d'avenir, mais se contente de vivre l'instant présent, de rêver, donc d'être… libre !), bref, tout ce qui est applicable aux sociétés extra-occidentales et, par suite, aux communautés nègres.

L'on comprend alors aisément que dans un tel con-texte, Césaire puisse se prévaloir de son «naturel», de son mysticisme, de sa sorcellerie, de sa «non-technicité», sur-tout que ceux-ci étaient, au-delà de toute intention provoca-trice, réels, tout comme Senghor se saisira du thème de l'enfance pour affirmer, fièrement :

Les nègres ne sont pas encore sortis
du royaume de l'enfance ! (154).

En outre, pour ce qui concerne le caractère «littéraire» et onirique de la révolution césairienne, il convient de noter que, comme tout produit littéraire, le *Cahier* était appelé à charrier dans le coeur de ses lecteurs, les préoccupations de son auteur, et à les gagner ainsi, par une action persuasive exercée en douceur sur leur conscience individuelle, à sa cause.

Le retentissement du *Cahier*, comme de toute oeuvre littéraire, dépendait donc de la masse des lecteurs qu'il aurait eus, de la parfaite adaptation de son écriture au message, de la conviction personnelle de son auteur. Or nous avons déjà parlé de la grande audience dont a joui le *Cahier* auprès des Noirs du monde entier (et plus particulièrement, de l'intelligentsia noire), ainsi que des mérites de l'écriture césairienne. Il nous reste simplement à dire que le rêve (qui, comme la pensée, précède nécessairement l'action révolutionnaire authentique), est si vivace ici, qu'à l'ordre de l'être il substitue, spontanément, un ordre du devoir-être (155), pour reprendre un terme d'Ebénézer Njoh-Mouelle, conférant ainsi à l'objet rêvé un rayonnement tel qu'il n'est pas exagéré de dire qu'au *Cahier d'un retour au pays natal* est due, dans une certaine mesure, la révolution culturelle des peuples noirs, annonciatrice des indépendances africaines de 1960. Il importe donc, compte tenu de la complexité des facteurs qui interviennent dans la genèse des oeuvres d'art, de considérer avec un oeil extrêmement critique, certaines affirmations de nature à jeter le discrédit sur telle ou telle de ces oeuvres. (N'était-ce l'entêtement de Senghor à «maintenir le concept - de négritude - dans son inachèvement théorique» (156) originel, aucun critique littéraire n'aurait eu le droit de le condamner, comme poète, fût-ce au nom de sa «servitude»!).

«D'ailleurs, pour saisir une oeuvre d'art», notait, à ce sujet, Rainer Maria Rilke (157), «rien n'est pire que les mots de la critique. Ils n'aboutissent qu'à des malentendus plus ou moins heureux ; les choses ne sont pas toutes à prendre ou à dire, comme on voudrait nous le faire croire.

Presque tout ce qui arrive est inexprimable et s'accomplit dans une région que jamais parole n'a foulée. Et plus inexprimables que tout sont les oeuvres d'art, ces êtres secrets dont la vie ne finit pas et que côtoie la nôtre qui passe...»

CONCLUSION

Au total, ce texte de Césaire apparaît comme le drame attaché à son «*retour au pays natal*», lequel drame est donné à lire comme «quelque chose de plus atroce peut-être que les grandes tueries coloniales ou que les grandes exactions... le spectacle de la médiocrité dévirilisant lentement, mais sûrement un peuple (et qui) est le lot des Antilles, leur côté «démon-mesquin» (158).

Ce spectacle s'accompagne de la prise de conscience des causes de la médiocrité, lesquelles se rapportent justement à ces «exactions coloniales», au «déracinement» physique et culturel des Antillais, à leur dépersonnalisation, au mépris professé, par les Européens, pour la race et la culture noires. Dès lors, s'impose à l'auteur la conviction que le remède à cette médiocrité implique la reconquête de l'identité culturelle et de la dignité raciale, lesquelles ont pour corollaire la fraternité, la solidarité de la race noire, sur toute la surface de la terre. Ici s'inscrivent le projet et la triple violence révolutionnaires du *Cahier*, car la reconquête de la dignité raciale implique la libération politique de toutes les communautés noires sur toute la surface de la terre. Et cette libération ne peut se réaliser que «dans le sang» (55).

En outre, retrouver son identité culturelle implique d'abord un déchirement, un arrachement, l'arrachement de soi, des oripeaux de la culture occidentale, de l'assimilation, donc, une violence exercée sur soi-même.

La troisième dimension de la violence césairienne du *Cahier* réside dans le travail effectué sur la langue française pour donner naissance à ce «poème» qui est, selon le mot de Jean-Paul Sartre (79), «une chambre obscure où les mots se cognent en rondes, fous. Collision dans les airs : (ceux-ci) s'allument réciproquement de leurs incendies et tombent en flammes… faisant de cette langue en ruine un superlangage solennel et sacré, la poésie».

Au total, *le Cahier d'un retour au pays natal*, en répondant à cette double définition de la poésie par Césaire : «cette force qui au tout-fait, au tout-trouvé de l'existence et de l'individu, oppose le tout-à-faire de la vie et de la personne ; ou bien encore de manière plus analytique, le système généralisé d'inadaptation qui tend à substituer l'hallucination à la sensation, l'illogique au logique, l'image au raisonnement, l'arbitraire au prouvé, la discontinuité d'instants présents à la continuité de la mémoire aveugle» (159), se pose comme une création éminemment révolutionnaire : à la fois ferment de la révolution des peuples noirs, et révolution littéraire.

ANNEXE (cf. note 72)

LE LAROUSSE DU 20e SIECLE

«Toussaint, dit Louverture, homme politique, général haïtien né à Saint-Domingue en 1743, mort au château de Joux (fort du département du Doubs, à 4 km de Pontarlier, à la frontière franco-suisse), le 7 avril 1803. Il prit part au soulèvement des Noirs en 1791 pour défendre l'autorité du roi, passa ensuite au service des Espagnols qu'il trahit en 1794 pour servir le gouvernement français, lequel venait d'abolir l'esclavage.

Général de brigade en 1794, général de division en 1795, il se tourna contre les Anglais et les tint en échec. Il voulut alors être le seul maître de l'île et renvoya en France le commissaire de la République, Santhonax. Il triompha d'une révolte de Noirs en 1799 et s'empara de Santo-Domingo (Saint-Domingue: ancien nom de l'actuelle Haïti) en 1801. Sous sa direction, la colonie avait commencé à prospérer. Mais Bonaparte s'inquiétait de ce gouverneur trop indépendant : il envoya dans l'île une expédition commandée par Leclerc. Après une héroïque défense, les Noirs furent soumis, en 1802. Enfin Toussaint Louverture, qui avait fini par se soumettre, fut arrêté, ramené en France et déporté au fort de Joux».

Voir aussi *Toussaint Louverture*, par Aimé Césaire, Présence Africaine, 1963.

NOTES
DE L'INTRODUCTION

(1) Citons celui de Maryse Condé, paru en 1978, chez HATIER, Paris, France, dans la collection «Profil d'une oeuvre», sous le titre : *Cahier d'un retour au pays natal*, Césaire, 80 pp., et celui de Lilyan Kesteloot, paru en septembre 1982 dans la collection «Comprendre», aux Editions Saint-Paul, Issy-les-Moulineaux, France, sous le titre *Cahier d'un retour au pays natal, d'Aimé Césaire*, 128 pp. A été également signalé aux Nouvelles Editions Africaines, Dakar, Sénégal, en 1979, un manuscrit de Fred Ivor Case sur le *Cahier*.

Notons également un *«Cahier d'un retour au pays natal», d'Aimé Césaire* - Séminaire de l'ILENA, Abidjan, 1972, 93 pages, paru aux Nouvelles Editions Africaines, Abidjan, Dakar, Lomé, en 1985, dans la collection «La girafe», dirigée par M'LANHORO Joseph, Assistant à l'Université d'Abidjan, avec des contributions de Bernard Zadi Zaourou, Christophe Wondji, Christophe Dailly, Barthélémy N'Guessan Kotchy, Nadia Kumassi.

Parmi les nombreuses études ronéotypées sur le *Cahier* qui circulaient à Yaoundé, République Unie du CAMEROUN, en 1977, citons celles de Mathieu-François MINYONO-NKODO, Jean NFOULOU, Gervais MENDOZE, tous trois enseignants à la Faculté des Lettres et Sciences Humaines, Université de Yaoundé, et celle, assez intéressante, de notre point de vue, de Dieudonné Atangana Enyegue, intitulée *«Cahier d'un retour au pays natal, une dialectique de refus et de l'acceptation».*

Pour de plus amples informations sur la bibliographie césairienne, consulter l'ouvrage de Thomas A. HALE :

Les écrits d'Aimé Césaire. Bibliographie commentée, in *Etudes Françaises*, Presses de l'Université de Montréal, Montréal, Québec, Canada, volume XIV, nos 3-4, 1978, 516 pages, et *Les Cahiers césairiens*, revue co-dirigée par Thomas A. HALE et Lilyan KESTELOOT, Institut Fondamental d'Afrique Noire, Dakar, Sénégal, ainsi que l'ouvrage d'Aliko SONGOLO, *Aimé Césaire - Une poétique de la découverte*, 166 pages, qui figure au catalogue 1987 de l'Harmattan, Editeur, Paris.

(2) Edition bilingue, Présence Africaine, Paris, 1971, 160 pp.

(3) *Aimé Césaire, un homme à la recherche d'une patrie*, M. a M. Ngal, Nouvelles Editions Africaines, Dakar, 1975, p. 285.

(4) Il s'agit de «Présence du *Cahier d'un retour au pays natal*, d'Aimé Césaire, dans la littérature de la négritude», écrit par Boucquey E., dans les *Cahiers d'études africaines*, Zaïre, Vol. XV, 1962.

(5) Cf. *Aimé Césaire, l'homme et l'oeuvre*, L. Kesteloot et B. Kotchy, Présence Africaine, Paris, 1973, p. 256.

(6) «Fonctionnements textuels, approche stylistique du *Cahier d'un retour au pays natal*», mémoire, par Antonio Lima, et «Etude stylistique du *Cahier d'un retour au pays natal*», mémoire, «L'esthétique de Césaire à travers le *Cahier d'un retour au pays natal*», par Zadi, faculté des Lettres, Abidjan, 1970. Travaux du séminaire de Licence. Depuis, Zadi a publié, en 1977, aux N.E.A., Dakar, *Aimé Césaire : un homme entre deux cultures*.

(7) Cf «Un grand poète noir», André Breton, revue *Fontaine*, n° 35, 1944. Préface au *Cahier d'un retour au pays natal*, Présence Africaine, Paris, 1971.

(8) Cf. «Orphée noir», J.P. Sartre, préface à l'*Anthologie de la nouvelle poésie nègre et malgache de langue française*, par L.S. Senghor, P.U.F., Paris, 1948.

(9) *Aimé Césaire, l'homme et l'oeuvre*, op. cit., p. 25.

(10) Cf. la bibliographie du livre de Ngal, op. cit.

(11) Cf. *Les écrivains noirs de langue française*, L. Kesteloot, Institut de Sociologie de l'Université Libre de Bruxelles, 1965, pp. 148-174.

(12) Cf. *Aimé Césaire*, M. et S. Battestini, Fernand Nathan, Paris, 1967, p. 10.

(13) A vrai dire, avant d'apparaître dans le *Cahier*, le mot était déjà apparu dans un article de Césaire, publié dans la revue *L'Etudiant noir*, le 1er septembre 1934, comme le rapporte Lilyan Kesteloot dans *Aimé Césaire, l'homme et l'oeuvre*, op. cit, p. 248, mais il est communément admis que le *Cahier* consacre la naissance du néologisme.

(14) pp. 115-125.

(15) Cf. *Le degré zéro de l'écriture*, R. Barthes, Gonthier, Paris, 1965, p. 17.

(16) Cf. *L.S. Senghor : négritude ou servitude ?*, M. Towa, Clé, Yaoundé, 1976. Introduction.

(17) Cité par M. a M. Ngal in *Aimé Césaire, un homme à la recherche d'une patrie*, op. cit., p. 71.

(18) *Cahier d'un retour au pays natal*, p. 111.

(19) Confirmée d'ailleurs par M. a M. Ngal in *Aimé Césaire, un homme à la recherche d'une patrie*, op. cit., pp. 64-73.

NOTES DU TEXTE

* Pour la structure de l'oeuvre, voir figure n° 1, p.35.

(1) *Cahier d'un retour au pays natal*, édition bilingue (anglais - français), Présence Africaine, Paris, 1971, p. 29. (cf. figure 4, p.38)

(2) Ibidem, p. 31 (cf tableau 2, figures 3 et 4, pp.37 et 38)

(3) *Ainsi parlait Zarathoustra*, Frédéric Nietzsche, Gallimard, 1947, 1ère partie : «lire et écrire», P. 51.

(4) *Cahier d'un retour au pays natal*, p. 33.

(5) Ibid., p. 37.

(6) Ibid., p. 41.

(7) Cf. *L'Aventure Ambiguë*, Cheikh Hamidou Kane, Julliard, 1961.

(8) *Cahier d'un retour au pays natal*, p. 43.

(9) Ibid., p. 57.

(10) Ibid., p. 59.

(11) Ibid., p. 61.

(12) Ibid., p. 63.

(13) Ibid., p. 65.

(14) Ibid., p. 67.

(15) Ibid., p. 69.

(16) Cf. «Un grand poète noir», d'André Breton, in Revue *Fontaine*, n° 35, préface au *Cahier d'un retour au pays natal*, éditions de 1947 (Bordas) et 1971 (Présence Africaine).

(17) *Cahier d'un retour au pays natal*, p. 73.

(18) Ibid., pp. 77-79.

(19) Ibid., p. 85.

(20) Ibid., p. 91.

(21) Ibid., p. 93.

(22) Ibid., p. 95.

(23) Cf. «Prologue de Zarathoustra», in *Ainsi parlait Zarathoustra*, op. cit., p. 24.

(24) *La Tragédie du roi Christophe*, titre d'un drame d'Aimé Césaire, Présence Africaine, 1975.

(25) Cf. *La révolte des romanciers noirs*, Jingiri J. Achiriga, Naaman, Ottawa, 1973.

(26) *Cahier d'un retour au pays natal*, p. 105.

(27) Ibid., p. 111.

(28) Ibid., p. 113.

(29) Ibid., pp. 113-115.

(30) Ibid., pp. 115-117.

(31) Ibid., pp. 117-119.

(32) *Poésie de la Négritude*, Marcien Towa. Cité par Dieudonné Atangana Enyegue, dans son étude ronéotypée *«Cahier d'un retour au pays natal», une dialectique de refus et de l'acceptation»*, p. 25.

(33) *Les écrivains noirs de langue française*, Lilyan Kesteloot, Université Libre de Bruxelles, 1965, p. 156.

(34) «Orphée noir», Jean-Paul Sartre, Préface à l'*Anthologie de la nouvelle poésie nègre et malgache de langue française*, de Léopold Sédar Senghor, P.U.F., 1948, p. 30.

(35) *Cahier d'un retour au pays natal*, p. 121.

(36) Ibid., pp. 109-111.

(37) Ibid., p. 119.

(38) Ibid., p. 107.

(39) Ibid., pp. 121-123.

(40) Ibid., p. 123.

(41) Ibid., pp. 123-125.

(42) Ibid., p. 125.

(43) Titre d'un article de L.S. Senghor, paru dans la revue *L'Etudiant Noir* ; cité par Lilyan Kesteloot in *Anthologie Négro-*

Africaine, Marabout Université, 1976, p. 86.

(44) Cf. Le Rebelle et son fils dans *Et les chiens se taisaient,* d'Aimé Césaire, Présence Africaine, 1956.

(45) *Cahier d'un retour au pays natal*, pp. 129-137.

(46) Ibid., p. 133.

(47) Ibid., p. 135.

(48) Cf. *Une saison au Congo,* Aimé Césaire, Seuil, 1966, p. 29.

(49) *Cahier d'un retour au pays natal,* p. 137.

(50) Ibid., p. 139.

(51) Ibid., pp. 143-147.

(52) *Discours sur le colonialisme,* Aimé Césaire, Présence Africaine, 1955, p. 20.

(53) *Cahier d'un retour au pays natal*, pp. 139-141.

(54) Ibid., p. 143.

(55) Ibid., p. 147.

(56) Ibid., p. 153.

(57) Ibid., p. 151.

(58) Ibid., p. 97.

(59) Cité par Lilyan Kesteloot in *Les écrivains noirs de langue française,* op. cit., p. 110.

(60) *Cahier d'un retour au pays natal*, op. cit., p. 45.

(61) Ibid., pp. 45, 47, 49.

(62) Ibid., p. 89.

(63) Cf. *Les Chants de Maldoror,* Comte de Lautréamont, Chant I.

(64) Cf. «Un grand poète noir», op. cit., p. 25.

(65) *Cahier d'un retour au pays natal*, pp. 51-53.

(66) Ibid., pp. 81-83.

(67) Ibid., p. 87.

(68) «Orphée noir», op. cit., p. 14.

(69) *Cahier d'un retour au pays natal*, pp. 57-61.

(70) Cf. «Un poème humanitaire», ci-dessus, page 49.

(71) *Anthologie négro-africaine,* op. cit., p. 32.

(72) Cf. Annexe, page113.

(73) *Cahier d'un retour au pays natal*, pp. 69-71.

(74) Ibid., p. 71.

(75) Ibid., p. 35.

(76) Titre d'un ouvrage de Frantz Fanon.

(77) Cf. *Les Ecrivains noirs de langue française* et *Aimé Césaire, un homme à la recherche d'une patrie*, op. cit.

(78) Cf. Analyse de notre deuxième publication (*Deux filles... un rêve fugitif... - Nouvelle -, Suivi des Vertiges de Persu Grand-Vet - Poèmes en prose -*, par Victor M. HOUNTONDJI, Editions A.B.M., Cotonou, 1973), par Le CARVENNEC E.J., professeur, précédemment Maître-Assistant et Chef de la Section Lettres Modernes et Linguistique, du Département d'Etudes Littéraires et Linguistiques et des Sciences Humaines (D.E.L.L.S.H.), à l'Université Nationale du Bénin (République du Bénin). Publiée dans *Paroles de poète* (textes, articles, interviews), par Victor M. HOUNTONDJI, sous presse.

(79) Stéphane Mallarmé, cité par Jean-Paul Sartre in «Orphée noir», op. cit., pp. 19 et 20.

(80) Cf. notre étude, chap. 2, 3, et 5, pp. 41, 49, 63.

(81) Ibid, chap.n° 5, p. 63

(82) Dictionnaire Littré en 10-18, op. cit. :

moinillon = petit moine, ou moine sans considération.

(83) Ibid. :

bourgeonner = pousser des bourgeons.

bourgeon = oeil des arbres.

(84) Ibid. : bourgeon : sens figuré : boutons rouges qui viennent au visage.

(85) *Cahier d'un retour au pays natal*, p. 39.

(86) Ibid., pp. 39-41.

(87) Ibid., p. 49.

(88) Ibid., p. 53.

(89) Poème «Corps perdu», in *Cadastre*, Seuil, 1961.

(90) Dictionnaire, op. cit.

(91) *Discours sur le colonialisme*, op. cit., p. 8.

(92) «J'admets que deux fois deux font quatre est une chose excellente, mais s'il faut tout louer, je vous dirai que deux fois deux cinq est aussi une chose charmante», Dostoïevsky, cité par Stanislas Adotevi in *Négritude et Négrologues*, Unions Générales d'Editions, 1972, P. 76.

(93) Cf. *Les Chants de Maldoror*, op. cit.

(94) *Cahier d'un retour au pays natal*, p. 77.

(95) Dictionnaire, op. cit. : Relaps : qui retombe dans l'hérésie, après en avoir fait l'abjuration publique.

(96) *Cahier d'un retour au pays natal*, pp. 77-81.

(97) Ibid., p. 79.

(98) Dictionnaire, op. cit.

tourte : pâtisserie dans laquelle on met des viandes, du poisson, etc.

(99) *Ethiopiques*, Léopold Sédar Senghor, Seuil, 1956, p. 118, cité par Lilyan Kesteloot in *Les écrivains noirs de langue française*, op. cit. p. 163.

(100) *Les Ecrivains noirs de langue française*, op. cit., pp. 164 et 165.

(101) Cf. *Discours sur le colonialisme*, op. cit., pp. 16 et 17.

(102) Dictionnaire, op. cit.

maquignon : marchand de chevaux.

(103) Cité par Aimé Césaire in *Discours sur le colonialisme*, op. cit. p. 30.

(104) *Cahier d'un retour au pays natal*, p. 99.

(105) Ibid., p. 101.

(106) Etude ronéotypée, op. cit., p. 22.

(107) Dictionnaire, op. cit. : Colibri : très petit oiseau remarquable par l'éclat de ses couleurs.

(108) Ibid. : épervier : oiseau de proie.

(109) Ibid. : bris : rupture, faite avec violence, d'un scellé ou d'une porte fermée.

(110) Ibid. luette : appendice charnu qui pend à l'entrée du gosier.

(111) Ibid.

zinnia : petite plante d'ornement.

(112) «Orphée noir», op. cit., p. XXIX.

(113) Etude ronéotypée, op. cit., p. 28.

(114) Cf. Sartre, «Orphée noir», op. cit., p. XXX.

(115) Dictionnaire, op. cit. : proditoire : qui a le caractère de la trahison.

(116) *Discours sur le colonialisme,* op. cit., p. 7.

(117) Cf. *Ainsi parlait Zarathoustra*, op. cit., pp. 15 et 257.

(118) Cf. *L'Aventure ambiguë*, Cheikh Hamidou Kane.

(119) «Orphée noir», op. cit., p. XXXI.

(120) Cité par Stanislas Adotevi, in *Négritude et Négrologues*, op. cit., p. 44.

(121) Stanislas Adotevi : *Négritude et Négrologues*, op. cit., p. 106.

(122) Pour mémoire, le livre a été rédigé avant 1939 ; depuis, maintes communautés noires ont accédé à l'indépendance - nominale -, à l'exception de l'Afrique du Sud, du «pays natal» de l'auteur...

(123) *Cahier d'un retour au pays natal*, p. 127.

(124) Cf. «Et l'on nous marquait au fer rouge», p. 99.

(125) *Cahier d'un retour au pays natal*, pp. 137-139.

(126) Ibid., p. 141.

(127) Dictionnaire op. cit. :

ordalie = toute épreuve juridique usitée dans le moyen-âge sous le nom de jugement de Dieu.

(128) *Cahier d'un retour au pays natal*, p. 145.

(129) Ibid., p. 149.

(130) Cf. Annexe, page 113.

(131) Cf. «Un grand poète noir», op. cit., p. 19.

(132) Cf. *Ethiopiques*, op. cit., p. 115.

(133) *Négritude et Négrologues*, op. cit., p. 115.

(134) Cf. *Léopold Sédar Senghor : négritude ou servitude ?*, Marcien Towa, CLE, 1971.

(135) Cf. *Négritude et Négrologues*, op. cit.

(136) Ibid., p. 130.

(137) Ibid., p. 118.

(138) Date de son entretien avec Lilyan Kesteloot : cf. *Aimé Césaire, l'homme et l'oeuvre*, op. cit., pp. 235-239.

(139) Titre d'un article de Marcien Towa, in revue *Abbia,* n° 3, Yaoundé.

(140) *Léopold Sédar Senghor : Négritude ou Servitude ?* , op. cit., p. 11.

(141) Notamment dans un passage contenu entre les pp. 115-121.

(142) Cité par Stanislas Adotevi in *Négritude et Négrologues,* op. cit., p. 43.

(143) *Négritude et Négrologues,* op. cit., p. 133.

(144) «L'Art Romantique, le Peintre de la vie Moderne. Eloge du maquillage», Baudelaire. Cité par Stanislas Adotevi in *Négritude et Négrologues,* op. cit., p. 133.

(145) Cf. : *Fonctions Mentales dans les Sociétés Primitives,* Lévy-Bruhl.

(146) «Esthétique négro-africaine», Léopold Sédar Senghor, p. 10.

(147) Cité in *Négritude et Négrologues,* op. cit., pp. 43-44.

(148) *Négritude et Négrologues,* op. cit., p. 49.

(149) Cf. *Cahier d'un retour au pays natal,* pp. 137-155.

(150) *Négritude et négrologues,* op. cit., p. 82.

(151) *Léopold Sédar Senghor : Négritude ou servitude ?* , op. cit., p. 9.

(152) Cf. *Peau noire, masques blancs,* Frantz Fanon, Seuil, 1952.

(153) Cf. *Jalons II, L'Africanisme aujourd'hui,* Ebénézer Njoh-Mouelle, Clé, 1975, p. 18.

(154) Cité par Marcien Towa.

(155) Cf. *Jalons, recherche d'une mentalité neuve,* Ebénézer Njoh-Mouelle, CLE, 1970, p. 22.

(156) *Négritude et négrologues,* op. cit., p. 43.

(157) *Lettres à un jeune poète,* Rainer-Maria Rilke, Grasset, 1971, pp. 15 et 16.

(158) Cf. Préface d'Aimé Césaire aux *Bâtards* de Bertène

Juminer. Cité par M. et S. Battestini in *Aimé Césaire*, op. cit., p. 10.

(159) Aimé Césaire : «Maintenir la poésie», *Tropiques* n° 8-9, 1943 ; cité par M. a M. Ngal, in *Aimé Césaire : un homme à la recherche d'une patrie*, op. cit., pp. 123-124.

BIBLIOGRAPHIE

OEUVRES ET ETUDES CITEES

I - OEUVRES D'AIME CESAIRE

a) Poésie

1. *Cahier d'un retour au pays natal* / *Return to my native land*, Edition bilingue français/anglais, Présence Africaine, Paris, 1971, 155 pages, préface d'André Breton, traduction de Emile Snyder.

2. *Cadastre*, Seuil, Paris, 1961, 94 pages.

3. *Moi, laminaire*, Seuil, Paris, 1982, 94 pages.

b) Théâtre

4. *La tragédie du roi Christophe*, Présence Africaine, Paris, 1963, réédition 1970, 153 pages.

5. *Et les chiens se taisaient*, Présence Africaine, Paris, 1956, réédition 1974, 124 pages.

6. *Une saison au Congo*, Seuil, Paris, 1966, 128 pages.

c) Essais, préfaces, articles

7. *Discours sur le colonialisme*, Présence Africaine, Paris, 1955, 59 pages.

8. Préface aux *Bâtards*, de Bertène Juminer, Présence Africaine, Paris, 1961, 208 pages.

9. «Maintenir la poésie», *Tropiques,* n° 8-9, 1943. Voir *Tropiques*, Jean-Michel Place, Paris, 1978, 2 volumes, pagination multiple, réimpression de la collection complète de la revue, avril 1941 à septembre1945.

d) 10. *Oeuvres complètes* / Aimé Césaire,

Sous la direction de Jean-Paul Césaire, Désormeaux, Fort-de-France, 1976, 3 volumes, 325 + 378 + 545 pages.

II - ETUDES CRITIQUES SUR *LE CAHIER D'UN RETOUR AU PAYS NATAL* ET SUR CESAIRE.

11. *Cahier d'un retour au pays natal, Césaire*, Maryse Condé, Hatier, Paris, 1978, 80 pages.

12. *Cahier d'un retour au pays natal, d'Aimé Césaire*, Lilyan Kesteloot, Saint-Paul, Issy-les-Moulineaux, France, 1982, 128 pages.

13. *Cahier d'un retour au pays natal, d'Aimé Césaire*. Séminaire de l'ILENA, Abidjan, 1972. Nouvelles Editions Africaines, Abidjan, Dakar, Lomé, 1985, 93 pages, collection «La girafe», dirigée par M'LANHORO Joseph, Assistant à l'Université d'Abidjan, avec des contributions de Bernard Zadi Zaourou, Christophe Wondji, Christophe Dailly, Barthélémy N'Guessan Kotchy, Nadia Kumassi.

14. *Cahier d'un retour au pays natal, une dialectique de refus et de l'acceptation,* Dieudonné Atangana Enyegue,

étude ronéotypée, Yaoundé, Cameroun, 1977.

15. *Les écrits d'Aimé Césaire. Bibliographie commentée*, Thomas A. Hale, in *Etudes Françaises*, Presses de l'Université de Montréal, Montréal, volume XIV, n° 3-4, 1978, pages 215-516.

16. *Les Cahiers césairiens*, revue co-dirigée par Thomas A. Hale et Lilyan Kesteloot, I.F.A.N., Dakar, SENEGAL.

17. *Aimé Césaire - Une poétique de la découverte*, Aliko Songolo, L'Harmattan, Paris, 1985, 166 pages.

18. *Aimé Césaire, un homme à la recherche d'une patrie*, M. a M. Ngal, Nouvelles Editions Africaines, Dakar, 1975, 293 pages.

19. «Présence du *Cahier d'un retour au pays natal*, d'Aimé Césaire, dans la littérature de la négritude», Boucquey E., dans les *Cahiers d'études africaines*, Zaïre, vol. XV, 1962.

20. *Aimé Césaire, l'homme et l'oeuvre*, L. Kesteloot et B. Kotchy, Présence Africaine, Paris, 1973, 258 pages.

21. «Fonctionnements textuels, approche stylistique du *Cahier d'un retour au pays natal*», Antonio Lima, mémoire.

22. «Etude stylistique du *Cahier d'un retour au pays natal*», mémoire, «L'esthétique de Césaire à travers le *Cahier d'un retour au pays natal*», Zadi, Travaux du séminaire de Licence, faculté des Lettres, Abidjan, 1970.

23. *Césaire entre deux cultures : problèmes théoriques de la littérature négro-africaine d'aujourd'hui*, Bernard Zadi Zaourou, Nouvelles Editions Africaines, Abidjan, Dakar, 1978, 294 pages.

24. «Un grand poète noir», André Breton, revue *Fontaine*, n° 35, 1944, pages 543-551. Préface au *Cahier d'un retour au pays natal*, Edition bilingue, Présence Africaine, Paris, 1971.

25. *Aimé Césaire, écrivain martiniquais*, M. et S. Battestini, Fernand Nathan, Paris, 1967, 62 pages, collection «Classiques du Monde», série «Littérature africaine» .

26. *Césaire 70*, Ngal et Steins, Silex, Paris, 1984, 308 pages.

27. *Aimé Césaire ou l'Athanor d'un alchimiste* (Actes du colloque international, novembre 1985), Editions Caribéennes, Paris, 1987, 390 pages.

28. *Antilla retrouvée. Claude Mackay, Luis Palès Matos, Aimé Césaire, poètes noirs antillais*, Jean-Claude Bajeux, Editions Caribéennes, Agence de Coopération Culturelle et Technique, Paris, 1983, 427 pages.

29. *Proposition poétique. Une lecture de l'oeuvre d'Aimé Césaire,* Bernadette CAILLER, Naaman, Sherbrooke, 1976, 244 pages.

30. *Le théâtre d'Aimé Césaire ou la primauté de l'universalité humaine*, Clément MBOM, préface de Guy Michaud, Nathan, Paris, 1979, 176 pages.

31. *Soleil éclaté* - Mélanges offerts à Aimé Césaire à l'occasion de son soixante-dixième anniversaire par une équipe internationale d'artistes et de chercheurs, édités par Jacqueline LEINER, publiés par Gunter Narr Verlag, Tübingen, 1984, 439 pages.

32. *Aimé Césaire, Black between worlds*, par Susan Frutkin, Monographs in International Affairs, Center for Advanced International Studies, University of Miami, Coral Gables, Fla., 1973, 66 pages.

33. *L'Humanisme dans le théâtre d'Aimé Césaire*, Rodney E. Harris, préface de Thomas Cassirer, Naaman, Sherbrooke, 1973, 173 pages.

34. *Le temps historique dans l'oeuvre théâtrale d'Aimé Césaire*, Albert OWUSU - SARPONG, Naaman, Sherbrooke, 1986, 270 pages.

35. *Espaces et dialectique du héros césairien*, Rémy Sylvestre BOUELET, L'Harmattan, Paris, 1987, 217 pages.

36. *La cohésion poétique de l'oeuvre césairienne*, par Keith Louis Walker, Gunter Narr, Tübingen, et Jean-Michel Place, Paris, 1979, 137 pages.

III - OUVRAGE GENERAL SUR LA CRITIQUE LITTERAIRE

37. *Le degré zéro de l'écriture*, Roland Barthes, Seuil, Paris, 1953, réédition, 1966, 79 pages, Editions Gonthier, 1965.

IV - OUVRAGES DE CRITIQUE PORTANT SUR LA LITTERATURE AFRICAINE

38. «Orphée noir», Jean-Paul Sartre, préface à l'*Anthologie de la nouvelle poésie nègre et malgache de langue française*, par Léopold Sédar Senghor, P.U.F., 1948, réédition 1972, 271 pages.

39. *Les écrivains noirs de langue française*, Lilyan Kesteloot, Editions de l'Institut de Sociologie de l'Université Libre de Bruxelles, 1965, réédition 1971, 340 pages.

40. *Léopold Sédar Senghor : négritude ou servitude ?*, Marcien Towa, C.L.E., Yaoundé, 1971, 137 pages. Réédition 1976.

41. *Poésie de la négritude : approche structuraliste*, Marcien Towa, Naaman, Sherbrooke, 1983, 319 pages.

42. *La révolte des romanciers noirs*, Jingiri J. Achiriga. Préface de Georges Ngal, Naaman, Ottawa, 1973, 257 pages.

43. *Anthologie négro-africaine. Panorama critique des prosateurs, poètes et dramaturges noirs du 20e siècle*,

Lilyan Kesteloot, Marabout Université, Verviers, 1976. Réédition 1983, 478 pages.

44. *Négritude et négrologues*, Stanislas Adotevi, Union Générale d'Editions, Paris, 1972, 304 pages.

45. «Esthétique négro-africaine», Léopold Sédar Senghor, revue *Diogène*, 1956. Article réédité, aux pages 202 à 217, dans *Liberté I. Négritude et Humanisme,* Léopold Sédar Senghor, Seuil, Paris, 1964, 445 pages. Réédition 1969.

V - AUTRES OUVRAGES GENERAUX

46. «Ce que l'homme noir apporte», Léopold Sédar Senghor, dans *Présences*, Librairie Plon, Paris, 1939. Article réédité dans *Liberté I. Négritude et Humanisme*, op. cit., pages 22 à 38.

47. *Les damnés de la terre*, Frantz Fanon, Librairie François Maspero, Editeur, Paris, 1968, 234 pages. Première édition : 1961, avec une préface de Jean-Paul Sartre.

48. Dictionnaire Littré en 10-18, présenté par Francis Bouvet et Pierre Andler, Union Générale d'Editions et Pierre Andler, 1964.

49. *Fonctions mentales dans les sociétés inférieures*, Lucien Lévy-Bruhl, F. Alcan, Paris, 1910, 455 pages. Collection «Travaux de l'Année Sociologique» ; 7e édition, même Editeur : 1922 ; 9e édition : Presses Universitaires de France (P.U.F.), 1951, 475 pages. Collection : «Bibliothèque de philosophie contemporaine».

50. *Peau noire, masques blancs*, Frantz Fanon, Seuil, Paris, 1952, 191 pages.

51. *Jalons, recherche d'une mentalité neuve*, Ebénézer Njoh - Mouelle, C.L.E., Yaoundé, 1970.

52. *Jalons II, l'Africanisme aujourd'hui*, Ebénézer Njoh - Mouelle, C.L.E., Yaoundé, 1975, 79 pages.

53. *Lettres à un jeune poète*, Rainer Maria RILKE, traduites de l'allemand par Bernard Grasset et Rainer Biemel, suivies de *Réflexions sur la vie créatrice*, par Bernard Grasset, Bernard Grasset, Paris, 1956, in - 8°, 156 pages ; rééditions, 1971 ; 1984, 149 pages, 19 cm, collection «Les Cahiers rouges».

VI - OEUVRES DE CREATION

54. *Ainsi parlait Zarathoustra*, Frédéric Nietzsche, excellente traduction de Henri ALBERT, Gallimard, Paris, 1947 ; Mercure de France, Paris, 1952, 414 pages. Nouvelle édition, traduction de l'allemand par Maurice de Gandillac, Gallimard, Paris, 1971, 507 pages.

55. *L'aventure ambiguë*, Cheikh Hamidou Kane, Julliard, Paris, 1961, 205 pages.

56. *Les Chants de Maldoror*, dans : *Oeuvres complètes*, Comte de Lautréamont, J. Corti, Paris, 1969, 427 pages,

et :

Les Chants de Maldoror, suivi de Lettres, Poésies I et II, Isidore Ducasse, Comte de Lautréamont. Edition établie, présentée et annotée par Daniel OSTER, Editions Presses de la Renaissance, Paris, 1977, 387 pages.

57. *Ethiopiques*, Léopold Sédar Senghor, Seuil, Paris, 1956, 126 pages. Réédition dans *Poèmes*, aux mêmes Editions : 1972, 1974, 253 pages, et 1984, 413 pages.

58. *Toi laminaire - Italiques pour Césaire*, Edouard Maunick, Editions de l'Océan Indien (Ile Maurice) et du Centre de Recherche Indiaocéanique (C.R.I.), Ile de la Réunion, 1990, 55 pages.

TABLE DES MATIERES

L'HARMATTAN

5-7 rue de l'École-Polytechnique
75005 PARIS

Tél. : 43-54-79-10
Fax : 43-25-82-03

Littérature

TERRITOIRES DU NORD
Théo ANANISSOH (Togo)

Une ville au pied d'une colline; un braconnier qui disparaît avant même l'ouverture du récit; un receveur des PTT, un médecin … qui sont arrêtés: une série d'événements qu'on hésite à définir…«Territoires du Nord» décrit un monde qui est clos, où le temps, au-delà des apparences, est continu. Le lecteur prendra plaisir à s'immerger dans le réseau de références et d'allégories de ce récit à la fois réaliste et onirique.

(Coll. Encres Noires N° 94, 106p., 65F)   ISBN : 2-7384-1375-7

SENTEURS D'HIVERNAGE
Khadi FALL (Sénégal)

Après «Mademba» (L'Harmattan, 1989), Khadi Fall nous offre son deuxième roman dans lequel Anita va nous conduire à Dakar après un parcours tumultueux qui passera par Johannesbourg, Lydenbourg, Accra et Conakry. Citoyenne d'Afrique du Sud échouée fortuitement à Dakar, Anita vit une forte dualité. Elle se reconnaît tantôt dans la jeune femme, tantôt dans la fillette qu'apparemment elle seule entend et voit parler sotho, la langue de son terroir natal. Quelle est donc la véritable Anita, celle qui finit par mener une vie calme aux côtés de Badu, le prototype de l'intellectuel africain d'aujourd'hui?

(Coll. Encres Noires n°98, 186p., 90F)   ISBN : 2-7384-1239-4

LES MYRIADES DES TEMPS VECUS
Kama KAMANDA (Zaïre)

Ecrivain d'exception et créateur de génie, Kama Kamanda nous offre un écrit qui participe d'un arrière-fonds poétique puisé aux sources de la culture francophone. Conscience mûrie et réflexion amère ne parviennent pas à vaincre la foi communicative que recèle cette poésie. Elle nous dit le peuple africain, elle nous dit surtout l'homme par le biais d'un subtil équilibre entre subjectivité et objectivité. Imagination surréelle, souffle et rythme conjoints créent le texte de K.Kamanda, écrit sans cesse motivé et expansif.

(Coll. Poètes des Cinq Continents, 139p., 75F)   ISBN : 2-7384-1478-8

FATOBA, L'ARCHIPEL MUTANT
Cheick Oumar KANTE.

L'archipel de Fatoba est devenu une île puis une presqu'île après maints bouleversements géologiques, historiques, politiques et architecturaux!... NDouré, le dernier en date de ses gouvernants, reconverti en dresseur de lions, convie un jour tous les souverains et chefs d'Etat du monde à une grande exhibition dénommée la Grande Dernière. Pour des raisons mystérieuses, la cérémonie tourne à la tragédie.

Le réel et le fantastique voire l'invraisemblable servis par un humour caustique s'imbriquent au détour de chaque ligne pour donner à un récit écrit d'une plume alerte des allures d'épopée africaine des temps modernes...

(Coll. Encres Noires, N°85, 151 p., 75 F) ISBN : 2-7384-1225-4

L'EXIL DES SONGES
Kama KAMANDA (Zaïre)

Kama Kamanda, auteur de« La Nuit des Griots», Grand Prix littéraire de l'Afrique Noire (Editions L'Harmattan), nous livre un recueil de poèmes qui se présente comme une oeuvre prophétique. Grâce à des images vives et expressives, Kamanda se définit au sein du paysage qui l'enferme. Il a pris conscience de sa mission. Il sait qu'il lui faut «désormais préparer un lit neuf pour les idées nouvelles».

(Coll. Poète des cinq continents, 190p., 90F.) ISBN : 2-7384-1150-9

MUKO ou la trahison d'un héros. Suivi de : LE DISCIPLE.
Tharcisse KABAGEMA-MIRINDI (Zaïre)

Un vieil homme, Muko, conte à son petit-fils la dure leçon que fut sa vie. Et nous voici plongés dans la guerre tribale qui oppose les Banya et les Haba. Muko est, pour les Haba, le stratège de cette guerre et, alors qu'il pense triompher, il reconnaît parmi les vaincus Banya son propre frère de sang Kamalu. Que fera-t-il? Libérera-t-il son ennemi et frère au risque d'être condamné à mort? Devra-t-il se résoudre à l'exil et vivre une autre existence?

(Coll. Encres Noires N°92, 139p., 75F) ISBN : 2-7384-1286-6

SARRAOUNIA. Réédition
Abdoulaye MAMANI (Niger)

Le roman d'Abdoulaye Mamani repose sur des faits historiques authentiques. En 1899, une colonne française, sous le commandement du capitaine Voulet a pour mission d'arrêter la marche foudroyante de Rabah, un aventurier arabe qui rêve de se tailler un royaume au coeur de l'Afrique. Mais leur lutte sanglante ne fait que décimer des villages entiers qui s'opposent à la colonisation de leur région. C'est alors que Voulet butte en pays haoussa (actuel Niger) sur un petit royaume gouverné par une reine magicienne: Sarraounia.

(Coll. Encres Noires N°4, 159p., 80F) ISBN : 2-85802-156-2

PROVERBES DAGARA. DAGARA PROVERBS
Penou-Achille SOME et Claude BOUYGUES (Burkina-Faso)

De toute la tradition orale africaine, le proverbe est, semble-t-il, la forme d'expression qui a retenu le moins l'attention des spécialistes. Et cependant, le proverbe occupe une place privilégiée dans la tradition orale. Il est à la jonction entre le passé et le présent, texte-charnière porteur des clés de l'intégration, donc de survie.

Hélas, la saisie de la plupart d'entre eux fait souvent problème pour le non initié. C'est pourquoi les auteurs ont tenté de réduire leur opacité en les présentant au lecteur sous plusieurs «états» qui vont de la transcription phonétique et phonologique à la glose ou commentaire. La traduction du corpus est présentée en français et en anglais.

(132p., 85F) ISBN : 2-7384-1491-5

BAOL BAOL mon ami
Cheikh SOUGOUFARA (Sénégal)

«Baol Baol mon ami», une chronique du temps passé dont on se souvient et que l'on regrette? Un récit? Un roman? Un poème d'amour?

(Coll. Encres Noires N°96, 200p., 90F) ISBN : 2-7384-1358-7

LES CINQ NUITS DE GNILANE
Mamadou SOW (Sénégal)

Pour son deuxième roman, Mamadou Sow se penche sur les problèmes les plus cruciaux de la jeunesse de son pays. L'histoire contée ici pose le problème des jeunes filles des campagnes sénégalaises qui viennent travailler comme domestiques à Dakar. Méprisées, maltraitées, ignorantes de bien des choses, elles s'entassent, sans défense, dans des pièces louées, recherchant ensemble un peu d'affection et de reconnaissance. Beaucoup, hélas, tombent dans les nombreux pièges de la mégalopole qui broie les ruraux...

(Coll. Encres Noires N°89, 172p., 85F) ISBN : 2-7384-1291-2

LE JEU DE LA MER
Khady SYLLA (Sénégal)

Certains jours se lèvent sur une étrange nuit. La lumière défait à peine une ombre inquiète, insondable. Rama et Raïssa persistent pourtant sur le parcours habituel. Une épidémie de disparitions se propage à travers la presqu'île. Assane, chef du «service irréel», reclus entre les quatre murs de l'officine la moins convoitée du commissariat, est sommé par ses supérieurs d'éclaircir le mystère.

(Coll. Encres Noires N°106, 159p., 80F) ISBN : 2-7384-1563-6

A VOL D'OISEAU
Véronique TADJO (Côte d'Ivoire)

«Bien sûr, j'aurais, moi aussi, aimé écrire une histoire sereine avec un début et une fin. Mais tu sais bien qu'il n'en est pas ainsi. Les vies s'entremêlent, les gens s'apprivoisent puis se quittent, les destins se perdent.»

Auteur de poèmes, de nouvelles et de romans, Véronique Tadjo nous offre ici un recueil de brèves nouvelles poétiques.

(Coll. Encres Noires n°105, 95p., 60F) ISBN : 2-7384-1699-3

LITTERATURES ET ECRITURES EN LANGUES AFRICAINES
Pius NGANDU NKASHAMA

Depuis les indépendances, les langues majoritaires comme le swahili, le haoussa ou le lingala se propagent intensément, au point d'occuper tout l'espace des discours littéraires et culturels. Elles marquent une rupture décisive dans l'histoire du continent africain. L'ouvrage de Pius Ngandu Nkashama ne réunit pas seulement une somme de documents importants. Il cherche à situer le phénomène des littératures en langues africaines dans sa fonction réelle. Il bouleverse les mythes faciles des sociétés sans écriture et introduit une dimension nouvelle dans les perspectives des études contemporaines.

(407p., 220F)   ISBN : 2-7384-1319-8

POUR UNE POETIQUE DE LA NEGRITUDE. Tome 2
Michel HAUSSER

La négritude: mythe ou réalité? Mystification ou démythification? Doctrine ou idéologie? Essentielle ou conjoncturelle? Politique ou culturelle? Questions légitimes, hésitations fondées auxquelles il nous sera donné de répondre après la lecture de ce second tome de Michel Hausser sur un thème aussi important que celui de la négritude.

C'est en tant que mouvement et doctrine poétiques ou, plus largement, culturels que la négritude est étudiée dans cet ouvrage très complet.

(Editions Nouvelles du Sud, Diffusion L'Harmattan, 503p., 190F)

ISBN : 2-87931-011-3

LECTURE DE L'OEUVRE D'HAMPATE BA
Sous la direction de Robert JOUANNY.

Au moment où disparaissait A. Hampate Ba, paraissait le premier volume de ses Mémoires. Une telle coïncidence a pu être considérée comme gage de la pérennité d'une oeuvre qui appartient au patrimoine universel. C'est dans cet esprit qu'une journée d'études a été consacrée, en Sorbonne, à celui qui compte parmi les penseurs et les écrivains fondamentaux de l'Afrique du XXème siècle. Le présent volume s'intéresse plus particulièrement à « L'Etrange destin de Wangrin» et à «Amkoullel, l'enfant peul»

(99p., 60F)   ISBN : 2-7384-1600-4

NEGRITUDE ET POETIQUE. Une lecture de l'oeuvre critique de Léopold Sédar Senghor
Pius NGANDU NKASHAMA

Le nom de Léopold Sédar Senghor demeure dans la pensée africaine un temps fort de la réflexion. L'image du personnage philosophe-poète, politique-anthropologue, humaniste, critique ne permet pas toujours des jugements faciles sur son oeuvre. L'étude présentée ici par Pius Ngandu Nkashama s'inscrit dans une perspective différente. Il s'agit d'un commentaire de la négritude de Senghor. Il était utile que les préliminaires de la négritude apparaissent enfin à l'intérieur d'une méthodologie adéquate de la pensée.

(158p., 85F)   ISBN : 2-7384-1622-5